I0052780

A. FERRET 1978

RECUEIL SPÉCIAL

DE JURISPRUDENCE ET DES LOIS

EN MATIÈRE

D'EXPROPRIATION

POUR CAUSE

D'UTILITÉ PUBLIQUE

OU

MANUEL DES EXPROPRIANTS ET DES EXPROPRIÉS

Par ROLLAND Aîné

PRATICIEN.

MARSEILLE

IMPRIMERIE Ve MARIUS OLIVE

RUE PARADIS, 58.

1866

DE

L'EXPROPRIATION

POUR CAUSE

D'UTILITÉ PUBLIQUE.

RECUEIL SPÉCIAL

DE JURISPRUDENCE ET DES LOIS

EN MATIÈRE

D'EXPROPRIATION

POUR CAUSE

D'UTILITÉ PUBLIQUE

OU

MANUEL DES EXPROPRIANTS ET DES EXPROPRIÉS

Par **ROLLAND** Aîné

PRATICIEN.

MARSEILLE

IMPRIMERIE ET LITHOGRAPHIE Ve MARIUS OLIVE
rue Paradis, 68.

1866.

PRÉFACE.

Les expropriations pour cause d'utilité publique devenant, de nos jours, de plus en plus fréquentes, et l'interprétation de la loi du 3 mai 1841 qui les régit ayant soulevé diverses questions sur lesquelles la jurisprudence paraît avoir dit son dernier mot, nous sommes persuadé d'avoir fait une œuvre utile en réunissant dans un cadre restreint les diverses décisions essentielles intervenues en pareille matière, et notre *Recueil spécial* permettra à ceux que ces questions intéressent, d'être fixés sur leurs obligations et la défense de leurs droits.

Nous savons qu'en feuilletant les volumineux Recueils de Jurisprudence existant déjà, on peut élucider les questions dont on a à s'occuper, mais ces Recueils ne sont pas à la portée de chacun; il y aurait encore de longues recherches à faire pour l'étude de ces questions; et nous avons voulu éviter ces recherches, en réunissant dans un Recueil spécial la jurisprudence en matière d'expropriation pour cause d'utilité publique, et en l'accompagnant des notes que nous croirons nécessaires ; ce sera donc un guide pour tous les intéressés, qui pourront facilement s'en munir à cause de la modicité de son prix.

L'expérience nous a appris que beaucoup de propriétaires, locataires et fermiers expropriés n'ont dû les graves préjudices qu'ils ont pu éprouver qu'à leur ignorance des formalités qu'ils avaient à remplir pour sauvegarder leurs droits ; notre Recueil les tiendra en éveil, et si, après l'avoir lu attentivement, ils venaient à éprouver quelques dommages, ils ne devraient les imputer qu'à leur incurie.

Ce Recueil sera suivi :

1° De la loi du 3 mai 1841, sur l'expropriation pour cause d'utilité publique ;

2° De la loi du 31 mars 1831, relative à l'expropriation des terrains nécessaires aux travaux des fortifications.

3° Enfin de la loi du 21 mai 1836 sur les chemins vicinaux.

DE L'EXPROPRIATION

POUR CAUSE

D'UTILITÉ PUBLIQUE.

CHAPITRE PREMIER.

Obligation des propriétaires et principaux locataires de faire les déclarations voulues par l'art. 21 de la loi du 3 mai 1841

L'obligation imposée au propriétaire de dénoncer à l'expropriant dans la huitaine de la notification du jugement d'expropriation, n'emporte pas celle de dénoncer aussi le sous-locataire. — Du reste, la dénonciation du principal locataire suffit pour mettre la demande des sous-locataires à l'abri de toute déchéance. — Loi du 3 mai 1841, art. 21.

L'obligation de dénoncer les sous-locataires *dans le délai légal*, n'incombe pas non plus au principal locataire. Seulement lorsque ce dernier a reçu les offres de l'expropriant, il doit, sous peine de responsabilité de la perte de l'indemnité des sous-locataires, avertir ceux-ci pour qu'ils puissent faire valoir personnellement leurs prétentions devant le jury ; — mais lorsque les sous-locataires, ainsi avertis, ne se sont pas présentés devant le jury pour demander une indemnité, ils ne peuvent exercer aucun recours contre le principal locataire, si d'ailleurs l'indemnité à laquelle ils ont droit n'a pas été comprise dans celle qui a eté personnellement allouée au locataire principal.

Première espèce.

Il y a eu pourvoi en cassation de la part du sieur Peyraud et autres contre l'arrêt du 12 mars 1857, rapporté dans le *Recueil de Sirey*, vol. de 1857, 2e p., f° 537. Ce pourvoi était fondé sur la violation de l'art. 21 de la loi du 3 mai 1841, — de l'art. 1729 du Cod. Nap., en ce que l'arrêt attaqué avait décidé qu'en matière d'expropriation pour cause d'utilité publique, ni le propriétaire, ni le locataire principal ne sont tenus de faire connaître les sous-locataires à exproprier et ne doivent pas, dès lors, être déclarés responsables du défaut d'offres et d'allocation à ces derniers d'une indemnité à raison du préjudice que leur cause la dépossession.

Le sous-locataire, a-t-on dit pour les demandeurs, a les mêmes droits et est soumis aux mêmes obligations que le locataire principal; pour que les sous-locataires encourussent presque nécessairement une déchéance, il faudrait qu'un texte formel de la loi du 3 mai 1841 eût établi une différence entre les deux positions ; mais loin qu'il en soit ainsi, le législateur a entendu dans cette loi comme dans le Code désigner les sous-locataires par la désignation de locataires ; c'est ce qui résulte de l'art. 15 de la loi de 1841, qui porte qu'en l'absence d'élection de domicile par le propriétaire, la notification du jugement d'expropriation sera faite au locataire, gardien ou régisseur de la propriété, c'est-à-dire à la personne qui est sur l'immeuble exproprié, d'où la conséquence que, sous le nom de locataires, on a entendu les sous-locataires. Ce qui achève de le démontrer, c'est le rapprochement de l'art. 21 avec l'art. 18 de la loi du 8 mars 1810 qu'il a remplacé. Cet article portait : « Dans le cas où il y « aurait des tiers intéressés, à titre d'usufruitiers, de fer- « miers ou de locataires, le propriétaire sera tenu de les « appeler, avant la fixation de l'indemnité, pour concourir, « en ce qui les concerne, aux opérations y relatives, sinon

« il restera seul chargé envers eux des indemnités que ces « derniers auraient pu réclamer. »

Les expressions *tiers-intéressé* à titre de locataire s'appliquent évidemment aux sous-locataires: donc, sous l'empire de cette loi, le propriétaire était responsable de l'indemnité vis-à-vis du sous-locataire, et par suite on est amené à reconnaître que la loi de 1841 qui n'a pas, plus que celle de 1833, modifié sensiblement cette rédaction, a compris les sous-locataires sous le nom de locataires; cela résulte encore, jusqu'à l'évidence, de ce que, dans la discussion de la loi de 1833, on n'a voulu restreindre la responsabilité du propriétaire que vis-à-vis des ayant droit à des servitudes ou à des usages.

Les motifs sur lesquels s'appuyait le Rapporteur pour justifier la responsabilité du propriétaire, motifs tirés de ce qu'il ne doit pas, au cas où le terrain exproprié est couvert de récoltes, par exemple, se faire allouer et conserver une indemnité à raison de ces récoltes qui proviennent des locations, s'appliquent aussi bien au cas de location qu'au cas de sous-location.

Deux objections principales sont faites : le sous-locataire, dit-on d'abord, est étranger au propriétaire qui peut ne pas le connaître, mais le locataire de l'usufruitier qui est également étranger au propriétaire doit, d'après l'ordre formel de l'art. 21, être dénoncé par ce dernier à l'expropriant.

La 2me objection consiste à dire que le sous-locataire averti, ainsi qu'il l'est par la publicité donnée à l'expropriation, peut se faire connaître directement à l'expropriant; mais cette faculté appartient également au locataire principal et ne lui enlève pas son recours contre le propriétaire, pourquoi en serait-il autrement pour le sous-locataire ?

En définitive le paragraphe 1er de l'art. 21 est applicable au sous-locataire qui a droit, dans toutes les hypothèses, d'obtenir une indemnité, à défaut de celle que l'expropriant lui aurait payé ; cette indemnité lui est due, soit par le locataire principal, qui obligé, d'après la règle du droit commun, à le faire jouir, a négligé de la dénoncer au propriétaire après la mise en demeure résultant de l'accomplissement des formalités prescrites par l'art. 6 de la loi du 3 mai 1841, soit par le propriétaire au cas où il connaît les sous-locataires et ne les a pas compris dans la notification qu'il devait faire à l'Administration.

Arrêt de la Cour de Cassation, après délibération en la Chambre du Conseil.

La Cour.

« Attendu que l'indemnité dont il s'agissait a été réglée d'une manière définitive par une décision non attaquée du jury ; — qu'aujourd'hui la seule question est de savoir si les sous-locataires non admis à prendre part dans cette indemnité ont une action en garantie, soit contre Garnier, propriétaire, soit contre Riveron, oncle et neveu, principaux locataires.

« Attendu, en ce qui concerne le propriétaire, qu'aux termes de l'art. 21 de la loi du 3 mai 1841, il doit, dans le délai établi par cet article, faire connaître à l'expropriant les locataires de son immeuble, que son obligation légale se borne là, et ne saurait s'étendre aux sous-locataires qu'il peut ne pas connaitre et avec lesquels il n'a pas traité ; — que l'indication par lui faite du principal locataire suffit d'ailleurs à la conservation de tous les intérêts, et qu'en effet l'expropriant, averti qu'il doit une indemnité pour la totalité de la jouissance de l'immeuble, ne peut plus opposer aucune déchéance à la demande de cette indemnité, que cette demande soit présentée au nom du principal locataire, dans les mains duquel le droit à une jouissance locative serait resté tout entier. ou des tiers, auxquels il aurait cédé tout ou partie de ces droits, et qui ne sont pas ses ayant cause, viennent se joindre à lui pour réclamer la part qui leur revient dans l'indemnité afférente à la totalité de la jouissance.

« Attendu, en ce qui concerne le principal locataire, que l'art. 21 précité ne lui impose pas l'obligation de faire connaître à l'expropriant les sous-locataires dans les délais déterminés dans cet art.— Que cette obligation ne pouvait pas lui être opposée, puisque ce délai est le plus souvent expiré lorsque le principal locataire est lui-même directement interpellé et mis en demeure pour les offres de l'expropriant, et que le principal locataire peut seulement alors indiquer à l'administration les sous-locatations par lui consenties ; qu'il doit même, dans les termes ordinaires du droit, avertir les sous-locataires pour que ceux-ci puissent intervenir personnellement, et toutes choses étant encore entières, faire valoir leurs prétentions. Attendu que c'est seulement dans le cas où le locataire principal manquerait à cette obligation dérivant du contrat même du bail à louage, qu'il pourrait être responsable vis-à-vis des sous-locataires de la perte de leur indemnité ; — Attendu que, dans l'espèce, les sieurs Riveron avaient mis leurs sous-locataires à même d'exercer leurs droits à une indemnité ; que, s'ils en ont été privés, c'est par l'effet d'une décision dont ils n'ont pas demandé la réformation par les voies légales ; — d'où il suit qu'en refusant, dans l'état des faits, d'accueillir l'action des sous-locataires, soit à l'égard du propriétaire, soit à l'égard du principal locataire, l'arrêt attaqué n'a violé aucune loi, rejette, etc. »

(Cassation du 20 avril 1859).

2me *Espèce.*

Les sieurs Riveron se sont de leur côté pourvus en cassation contre l'arrêt de la Cour de Lyon du 26 mai 1857 (V. *Sirey* — 1857, 2me v, f° 540), pour violation de la loi du

3 mai 1841 et des art. 1382, 1384 et 1134 du Code Nap., en ce que l'arrêt attaqué, tout en reconnaissant que le sous-locataire dépossédé sans indemnité par suite d'expropriation, pour n'avoir pas fait valoir ses droits devant le jury, n'a pas à exercer contre le locataire principal un recours fondé sur ce que ce dernier ne l'aurait pas dénoncé à l'expropriant, a néanmoins accueilli ce recours en se fondant sur le motif que, dans l'espèce, le locataire principal avait réclamé et obtenu une indemnité, tant pour le préjudice qu'il éprouvait personnellement que pour celui que subissaient les sous-locataires, et lorsque rien ni dans les conclusions ni dans la décision du jury ne permettait cette interprétation.

On a dit, pour les demandeurs : les sieurs Riveron ne se sont pas constitués *negotiorum gestores* des sous-locataires : car après la signification des offres de l'administration, ils les leur ont dénoncées en tant que de besoin, et malgré le silence du propriétaire, à l'expiration du délai prescrit par l'art. 21 de la loi de 1841, déclarant n'être nullement responsables d'aucune indemnité vis-à-vis des sous-locataires : l'attitude du locataire principal a été la même devant le jury, car on lit dans le procès-verbal de la décision du jury que leur avocat a déposé des conclusions tendant à ce qu'il soit donné acte de ses réserves.

La décision du jury énonce, il est vrai, qu'il est alloué aux sieurs Riveron, pour indemnité de toute nature, une somme de 24,000 fr., mais par les mots *de toute nature*, on ne peut entendre, en présence des réserves qui précèdent et de la décision du jury qui en a donné acte, que l'indemnité allouée aux locataires principaux et non celle à laquelle les sous-locataires auraient pu avoir droit ; il n'existe donc rien dans le procès-verbal des opérations du jury qui indique que les droits des sous-locataires aient été débattus et que le jury ait eu l'intention de calculer l'indemnité d'après ces droits ;— ainsi l'appréciation erronée que l'arrêt attaqué a faite de ces actes tombe sous la censure de la Cour parce qu'il s'agit d'actes judiciaires.

ARRÊT.

La Cour.

« Vu l'art. 351 du Code Nap.— Attendu que l'arrêt attaqué, sans adopter les motifs du jugement de première instance tirés de la loi du 3 mai 1841, sur l'expropriation pour cause d'utilité publique, et des principes du droit commun, pour mettre à la charge de Riveron, locataire principal de la maison expropriée, l'indemnité réclamée contre lui par Bertrand, Bolard et Cret, sous-locataires de diverses parties de ladite maison, a maintenu et confirmé cette condamnation uniquement et exclusivement par les considérations à savoir: Que devant le jury d'expropriation, Riveron se serait présenté comme garant et responsable envers ses sous-locataires des préjudices que leur faisait éprouver l'expropriation; qu'il aurait pris des conclusions pour eux et en leur nom, et que, dans la somme de 24,000 fr. qui lui a été accordée par la décision du jury, se seraient trouvées comprises les indemnités auxquelles les sous-locataires avaient droit par l'effet de leur dépossession.

« Attendu que ces assertions et décisions de l'arrêt attaqué, reposant uniquement sur des actes judiciaires signifiés dans le cours de la contestation relative à l'indemnité résultant de l'expropriation, sur les conclusions prises à cet égard par les parties devant le jury d'expropriation et spécialement sur la décision du jury du 27 novembre 1856; que l'interprétation et l'application de ces actes tombent sous l'appréciation de la Cour de Cassation.

« Attendu que de ces actes signifiés, conclusion des réserves et protestations qui y ont été insérées et dont il a été donné acte, il résulte que le sieur Riveron, locataire principal, n'a aucunement entendu prendre et n'a nullement pris sous sa responsabilité et à sa charge l'indemnité qui pouvait résulter pour les sieurs Bertrand, Bolard et Cret, locataires particuliers, du préjudice à eux causé par le fait de la dépossession des lieux par eux occupés, et que spécialement de la décision du jury précitée, il résulte que l'indemnité réclamée par les sous-locataires n'a point été comprise dans la somme de 24,000 fr. qui n'a été accordée à Riveron, locataire principal, que pour son indemnité particulière et personnelle.

« Qu'il suit de là que l'arrêt attaqué, en condamnant, par les motifs exprimés, Riveron à payer aux sous-locataires l'indemnité réclamée par ceux-ci, a expressément violé l'autorité de la chose jugée par la décision du jury du 27 novembre 1856 et l'art. 351 du Code Nap., — casse, etc.

Cassation du 20 avril 1859. — (V. *Sirey*, 1859 — 1er v. f° 952).

Autre espèce.

BONNET ET AUTRES, contre LA VILLE DE PARIS.

Arrêt de la Cour Impériale de Paris du 11 août 1862, président M. Devienne.

LA COUR.

« Considérant qu'un jugement du 30 avril 1859 a donné acte à Sampayo, propriétaire de la maison rue St-Honoré, n° 148, de son consentement à l'expropriation de ladite maison, sauf règlement de l'indemnité qui a été fixée plus tard à 430,000 fr., d'accord entre l'exproprié et la ville de Paris; — considérant qu'aux termes de l'art. 15 de la loi du 3 mai 1841, le jugement d'expropriation ou de donné acte doit être: 1° publié en extrait par affiche et mention au journal; 2° notifié par extrait au propriétaire de l'immeuble; que cette notification fait courir le délai de huitaine, imparti par l'art. 21 au propriétaire pour dénoncer à l'expropriant les locataires, à peine de rester seul chargé des indemnités qu'ils pourront réclamer ; — Que le propriétaire, lorsqu'il veut éviter cette responsabilité, est tenu de dénoncer ses locataires, parce qu'il a traité directement avec eux et ne peut ignorer les baux faits par lui ou par ses auteurs ; mais que la loi ne lui impose aucune obligation à l'égard des sous-locataires ; qu'ils sont compris implicitement dans la disposition finale de l'art. 21 portant :

« Que les autres intéressés sont en demeure de faire « valoir leurs droits par l'avertissement énoncé en l'art. 6, « et tenus de se faire connaître à l'administration, dans le « même délai de huitaine, à peine de déchéance de leurs « droits à indemnité. »

« Qu'ainsi l'administration expropriante n'est tenue d'appeler devant le jury que les locataires qui lui ont été régulièrement signalés par le propriétaire et les sous-locataires qui se sont fait connaître dans le délai fixé ; que le sous-locataire est interpellé par la loi et mis en demeure d'exercer ses droits par l'avertissement public conformément à l'art. 6 ; — Considérant d'ailleurs que la jurisprudence et la pratique constante de l'expropriation à Paris, reconnaît au sous-locataire le droit d'intervenir personnellement, lorsque toutes choses sont encore entières, pour faire valoir ses prétentions devant le jury chargé de régler les indemnités dues pour la totalité de la jouissance de l'immeuble exproprié. — Considérant que, dans l'espèce, Sampayo a, le 17 mai 1859, dénoncé à la ville de Paris, ses locataires principaux, les seuls avec lesquels il a contracté, que le 12 mai 1859 la ville de Paris a publié, en conformité des art. 6 et 15 de la loi du 3 mai 1841, l'extrait du jugement d'expropriation, et le 25 juin 1859, en conformité de l'art. 33, extrait de la cession consentie par Sampayo, moyennant 450,000 fr. montant des offres acceptées ; que la ville ayant contesté à la veuve Pestel le droit de réclamer une indemnité, lesdits locataires principaux ont obtenu le 18 mai 1861 un arrêt désignant un jury; que le 20 juin 1861 ils ont signifié cet arrêt à la ville et lui ont en même temps notifié l'existence de leurs sous-locataires et les noms des sous-locataires; que le 3 août 1861 le jury, convoqué à la requête de la veuve Pestel et consorts, a rendu sa décision sans que les sous-locataires aient jugé convenable d'intervenir ; que le 16 novembre 1861 seulement ils ont fait sommation au Préfet de la Seine de convoquer un jury pour régler les indemnités par eux réclamées.

« Considérant que la ville de Paris n'était tenue d'appeler devant le jury que les locataires qui lui avaient été signalés régulièrement par Sampayo et les sous-locataires qui se seraient fait connaître dans le délai fixé par l'art. 21 de la loi du 3 mai 1841, mais qu'elle n'était obligée à aucune mise en demeure ou interpellation vis-à-vis des sous-locataires qui ne s'étaient pas révélés dans la forme légale ; que ceux-ci doivent s'imputer de n'être point intervenus personnellement lorsque toutes choses étaient encore entières ; — qu'aujourd'hui l'indemnité due pour la totalité de la jouissance locative de l'immeuble est réglée définitivement, et que, pour ce qui concerne la ville de Paris, tout est consommé à l'égard des parties intéressées dans cette jouissance. — Considérant que les sous-locataires objectent que la ville de Paris n'aurait pas fait courir contre eux le délai de huitaine, qui leur était imparti pour se faire connaître à l'administration, que ce délai n'aurait pu partir que de la notification faite par la ville à Sampayo du jugement du 30 avril 1859 — notification dont la ville ne justifie pas ;— mais considérant que cette objection n'est pas fondée ; qu'en effet la notification du jugement d'expropriation a pour objet de faire courir vis-à-vis du propriétaire de l'immeuble le délai dans lequel il doit déclarer les sous-locataires à l'expropriant ; que cette notification adressée au propriétaire ne peut être connue des sous-locataires; que le délai de huitaine imparti aux sous-locataires pour se faire connaître à l'administration, court de l'avertissement publié en conformité de l'art. 6 ; — Que cette publication est une mise en demeure légale réputée connue de tous les intéressés à l'égard desquels la loi n'a point prononcé par une disposition expresse.

« Considérant que, dans l'espèce, cet avertissement a été publié le 12 mai 1859 et que ce n'est que le 16 novembre 1861 que les sous-locataires appellants ont manifesté leurs prétentions à une indemnité.

« Sans qu'il soit besoin de statuer sur les autres moyens, confirme, etc., etc. »

(V. *Journal du Palais,* 1862, f° 1078) (1).

(1) Il résulte de ces décisions que, dans le cas d'expropriation pour cause d'utilité publique, les intérêts des sous-locataires sont sauvegardés d'une manière non moins efficace que ceux du principal locataire, et que dès lors la loi d'expropriation pour cause d'utilité publique ne présente point la lacune qui résulterait de la doctrine qu'avait admise les arrêts de la cour de Lyon des 12 mars et 26 mai 1857, ici dénoncés à la Cour suprême et signalés dans le Recueil de *Sirey* en 1857, v° 1, f° 537.

Mais la théorie toute nouvelle qu'inaugurent les arrêts qui précèdent ne supplée t-elle pas à cette lacune, plutôt qu'elle n'explique la loi ?

Des doutes fort sérieux ont été émis à cet égard par Mᵉ Sevin, alors avocat général, dans un article remarquable publié par la *Revue critique de Jurisprudence* (t. 44, p. 481). — En tout cas, le savant magistrat, s'inclinant devant les arrêts que nous venons de rapporter, qu'il regarde comme destinés à faire jurisprudence, donne aux divers intéressés des conseils que nous croyons utile de reproduire.

« Il faut, dit-il, que chacun se tienne pour averti : 1° l'administration et la Compagnie du chemin de fer, de suivre l'exemple que « donne la ville de Paris en admettant les sous-locataires à se « présenter devant le jury d'expropriation, sans exiger d'eux la notification préalable prescrite par l'article 21 de la loi du 3 mai « 1841.

« 2° Les principaux locataires de se tenir en éveil sur la marche « des expropriations, de donner à leurs sous-locataires un avertis-

CHAPITRE II.

Offres et demandes.

1re *Espèce.*

ACQUIESCEMENT AUX OFFRES DE L'EXPROPRIANT.

Si la partie intéressée n'a formé devant le jury aucune demande, elle est réputée avoir acquiescé aux offres de l'administration, et le jury ne peut lui attribuer une indemnité supérieure à ces offres.

Arrêt de la Cour de Cassation du 23 février 1842. — (V. *Sirey*, 1842 — 1 — 573).

2me *Espèce.*

RECEVABILITÉ DE LA DEMANDE TARDIVE. — VISITE DES LIEUX.

L'indemnitaire est recevable à demander une somme supérieure aux offres de l'administration, même après le

« sement qui les mette en demeure de faire valoir leurs droits, de « se présenter au besoin dans leur intérêt, et de réclamer toutes les « indemnités afférentes à la jouissance des biens expropriés.

« 3° Les sous-locataires enfin, de surveiller avec soin la procédure, « de se faire connaître, s'il leur est possible, dans le délai de l'art. 21, « afin d'obtenir les offres de l'administration, et le temps suffisant « pour les méditer et y répondre, sinon d intervenir au plus tard « devant le jury et d'y exposer leurs réclamations. »

« Peut-être, ajoute M. Sevin, diminuerait-on les chances de préjudice, si l'on prenait l'habitude d'exécuter textuellement l'art. 21 de la loi d'expropriation; cet article, en effet, veut que le propriétaire appelle et fasse connaître à l'administration les fermiers, locataires, etc. — Dans la pratique, on a mis de côté cette obligation d'appeler les tiers intéressés, et dans les cas ordinaires il n'y a pas d'inconvénient à cette omission. Le locataire notifié à l'administration reçoit des offres, et par conséquent appelé au début, il se trouve nécessairement partie au procès, il n'a pas à se plaindre, tous ses droits sont saufs; mais quand il n'est pas seul intéressé, quand il peut avoir à appeler à son tour d'autres parties, ne serait-il pas bon que l'on commençât vis-à-vis de lui cette formalité qui, après tout, est positivement ordonnée? »

délai de quinzaine déterminé par l'art. 24 de la loi du 3 mai 1841, sauf à lui à supporter les frais.

Est valable l'expertise ou visite des lieux ordonnée par le jury, bien que tous ses membres n'y aient pas pris part, et ne se soent pas rendus sur les lieux, alors surtout que ce mode de procéder n'a pas été critiqué par les parties lors de la décision définitive.

(Loi du 3 mai 1841, art. 37. — Arrêt de la Cour de Cassation du 21 juin 1842. — *Sirey*, 1842 — 1 — 573).

3me *Espèce.*

MODIFICATION DE LA DEMANDE D'INDEMNITÉ.

La partie expropriée peut, par des conclusions nouvelles prises devant le jury, demander une indemnité plus élevée que celle qui avait été déterminée dans la demande par elle notifiée et non acceptée par l'administration.

(Loi du 3 mai 1814, art. 24 et 39. — Arrêt de la Cour de Cassation du 13 mai 1844. — *Sirey*, 1846 — 1 — 582).

4me *Espèce.*

CHIFFRE DE DEMANDE NON PRÉCISÉ.

Lorsque l'exproprié tout en contestant la suffisance des offres n'a point précisé le chiffre de sa demande, le jury ne peut allouer une somme supérieure à celle offerte sans violer la règle qui lui défend d'allouer dans aucun cas une indemnité supérieure à la demande de l'exproprié.

(Arrêts de la Cour de Cassation du 22 août 1853 et du 31 juillet 1864. — V. *Sirey*, 1854 — 1 — 216,1 — 140.)

5me *Espèce.*

OFFRES TARDIVES.

Au cas où celui qui est exproprié partiellement requiert, dans le délai de la loi, son expropriation totale, les offres de l'administration sont tardivement faites devant le jury et au moment où il va prononcer; par suite la décision du jury intervenue sur ces offres est nulle. lors même que devant le jury l'exproprié n'a pas opposé de nullité résultant de la tardivité des formes.

(Arrêt de la Cour de Cassation des 6 et 11 février 1855).

6me *Espèce.*

OFFRES RECTIFICATIVES.

Les offres rectificatives des offres originaires doivent être faites, à peine de nullité, dans le délai et les formes prescrites par les art. 23 et 24 de la loi du 3 mai 1841 ; telles sont les offres qui ont pour objet de rectifier les offres antérieures faites sans distinction pour deux immeubles appartenant à des propriétaires différents.

La nullité de ces offres peut être proposée pour la première fois devant la Cour de Cassation.

(Arrêt de la Cour de Cassation du 18 août 1857).

7me *Espèce.*

RENONCIATION A EXCIPER DE LA TARDIVITÉ DES OFFRES.

Bien que les conclusions contenant renonciation par l'exproprié à exciper de la tardivité des offres à lui faites n'aient été signées que par un mandataire verbal sans pouvoir spécial, cette renonciation doit être réputée personnelle à l'exproprié, lorsque les énonciations du procès-verbal établissent que ce dernier a personnellement comparu avec d'autres expropriés devant le directeur du jury et devant le jury, et que c'est en sa présence que les diverses opérations ont eu lieu, que les conclusions ont été prises et que la décision du jury a été rendue.

(Arrêt de la Cour de Cassation du 20 août 1860. — *Journal du Palais,* fo 765).

8me *Espèce.*

NOTIFICATION DES OFFRES.

L'expropriant ne peut se faire un moyen de nullité du défaut de notification d'offres à l'exproprié ; celui-ci seul aurait le droit de se plaindre de cette nullité.

(Arrêt de la Cour de Cassation du 2 avril 1859. — V. *Sirey*, 1859 — 1 — 523.)

9me *Espèce.*

OFFRES MODIFICATIVES.

De simples modifications apportées aux offres primitives en suite des explications des parties (par exemple à raison de ce qu'il est reconnu que l'expropriation de l'immeuble doit être seulement partielle et non totale) ne sont pas soumises au délai de quinzaine entre les offres modificatives et le débat devant le jury. (Loi du 3 mai 1841, art. 37).

(Arrêt de la Cour de Cassation du 27 avril 1859. — V. *Sirey*, 1859 — 1 — 958.)

10me *Espèce.*

TABLEAU DES OFFRES ET DEMANDES.

En matière d'expropriation pour cause d'utilité publique il suffit, pour la régularité des opérations du jury, que le tableau des offres et demandes mis sous ses yeux contienne le chiffre exact et complet de ces offres et demandes ; il n'est pas nécessaire que le tableau énonce en outre les causes de chaque demande d'indemnité (Loi du 3 mai 1841, art. 37). — L'indemnité allouée avec cette explication, qu'elle comprend non-seulement la valeur du terrain exproprié, mais encore toutes les indemnités accessoires, notamment celle due pour dépréciation des terrains restants, s'applique au chef de l'indemnité relatif à la nécessité de construire un chemin nouveau. (Loi du 3 mai 1841, art. 38).

Des notes écrites par les intéressés sur le tableau même des offres et demandes doivent être considérées comme faisant partie des documents que l'art. 37 de la loi du 3 mai 1841 prescrit de mettre sous les yeux du jury. Ainsi résolu par l'arrêt suivant de la Cour de Cassation, chambre civile.

POETCINGER contre CHEMIN DE FER DE L'EST.

LA COUR, sur le premier et le deuxième moyens.

« Attendu que l'omission reprochée, soit au tableau des offres et demandes, soit à la décision même du jury n'existe pas en fait.

« Attendu en effet, d'une part, que le chiffre exact et complet des offres et demandes était rappellé dans le tableau mis sous les yeux du jury, que toutes les causes de demandes étaient résumées dans ce chiffre et que la loi n'exige pas, en outre, l'énoncé des motifs destinés à justifier chaque chef de demandes, sauf à les développer dans la discussion contradictoire ouverte aux parties par la loi elle-même.

« Attendu, d'autre part, que le jury en allouant au demandeur une indemnité de 460 francs pour deux ares 25 centiares de terrain incultes, ajoute que cette indemnité comprenait non-seulement les emprises mais encore toutes les indemnités accessoires reclamées par les indemnitaires dans toutes leurs conclusions respectives, soit pour destruction de clôtures et extraction d'arbres et de plantes, soit pour dépréciation d'immeuble restants.

« Attendu que cette déclaration embrassait tous les chefs d'indemnité et notamment celui relatif à la nécessité de construire un chemin nouveau, nécessité qui était un des éléments de dépréciation des terrains restants, et par suite de l'indemnité accordée pour cette dépréciation.

« Attendu enfin que l'art. 37 de la loi du 3 mai 1841 veut qu'indépendamment du tableau ci-dessus, on mette également sous les yeux du jury les titres et autres documents produits par les parties à l'appui des offres et demandes.

« Attendu que les notes fournies par les intéressés font partie de ces documents et que ces notes peuvent être écrites sur le tableau même sans violer ledit article, qui laisse à toutes les parties l'entière liberté de discussion et de production de pièces et de mémoires.

« Attendu dès lors que la décision du jury d'expropriation de l'arrondissement de Strasbourg du 14 janvier 1860, n'a violé ni les articles invoqués ni aucun texte de la loi, rejette, etc. »

(V. *Journal du Palais*, 1861,— f° 639).

11me *Espèce.*

DEFAUT DE SIGNIFICATION D'OFFRES. — NULLITÉ.

Lorsque l'expropriant oppose à un sous-locataire qu'il a été déchu de se prévaloir de l'absence d'offres antérieures à la convocation du jury, faute d'avoir fait connaître son titre dans le délai de huitaine à dater de la notification du jugement d'expropriation au propriétaire, il est tenu de justifier de son exception et par conséquent de produire la preuve de cette notification, et faute par lui de faire cette justification, l'exproprié peut-il se prévaloir, pour la première fois devant la Cour de Cassation, de la nullité substantielle et d'ordre public consacrée par les art. 23, 24 et 37 de la loi du 3 mai 1841, et prise de ce que ces offres n'ont pas été signifiées à l'exproprié antérieurement à la convocation du jury?

La Cour de Cassation a résolu cette question par l'affirmative dans son arrêt du 27 janvier 1863 qui, sur le pourvoi du sieur Duffet contre la ville de Marseille, casse une décision du jury d'expropriation de l'arrondissement de Marseille du 16 juillet 1862.

12me *Espèce.*

TABLEAU DES OFFRES. — CATÉGORIES. — NUMÉROS. — VENTES. — NULLITÉ COUVERTE.

Au cas de division par catégories des affaires portées devant le jury, la classification de ces affaires est régulière, lorsqu'elle a été faite d'après un tableau des offres et demandes soumis au jury au lieu de l'être au tableau des offres signifié à l'exproprié.

Aucune loi n'oblige l'expropriant à suivre le même numéro dans les deux tableaux, et dès lors l'exproprié ne peut, surtout s'il a volontairement procédé devant le jury à lui assigné, se faire un moyen de cassation du changement apporté au numérotage de son affaire.

Les offres d'indemnité sont régulièrement signifiées à celui qui est inscrit sur la matrice cadastrale, comme propriétaire de l'immeuble exproprié, si l'expropriant n'avait pas légalement connaissance de la vente de cet immeuble à celui qui s'en prétend propriétaire. (Loi du 3 mai 1841, art. 23.)

Sont nulles les offres d'indemnité qui n'ont pas été signifiées dans le délai de la loi, spécialement celles faites seulement à l'audience, relativement à un immeuble que l'expropriant soutenait, contrairement à l'exproprié, être compris dans le jugement d'expropriation, et cette nullité n'est pas couverte par cela que l'exproprié aurait opposé aux offres une demande plus élevée, alors que loin d'approuver ces offres, il en a au contraire, sous toutes réserves de ses droits, relevé l'irrégularité et l'inadmissibilité. — Loi du 3 mai 1841, art. 23, 24 et 27. — L'arrêt suivant de la Cour de Cassation, du 4 juillet 1860, a résolu ces diverses questions dans les termes suivants :

HAINGUERLOT contre LA VILLE DE PARIS.

LA COUR,

« Sur le premier moyen tiré de la violation des art. 35, 36 et 42 de la loi du 3 mai 1841.

« Attendu que ce moyen manque en fait; que, sur le tableau des offres et demandes annexé au procès-verbal des opérations du jury, l'affaire concernant Hainguerlot portait le numéro 54 ; que c'est donc avec raison qu'elle a été comprise dans la 2me catégorie composée de toutes les affaires postérieures au numéro 51 ; — que si un autre numéro avait été donné à cette affaire dans le tableau des offres signifiées à Hainguerlot, aucune loi n'obligeait la ville de Paris à suivre le même numérotage dans le tableau des offres et demandes soumises au jury, conformément à la loi, et que c'est sur ce dernier tableau que la classification des affaires à juger ont été opérées en présence des parties; qu'aucune réclamation n'a été élevée par Hainguerlot qui a, au contraire, volontairement procédé devant le jury qui lui était assigné justement.

« Sur le 2me moyen tiré de la violation des art. 23, 24 et 27 de la loi précitée; — en ce qui touche les parcelles nos 434 et 439 du cadastre.

« Attendu que des offres régulières ont été faites aux sieurs Auvry; que s'ils ont vendu à Hainguerlot cette circonstance n'aurait peu invalider les offres, qu'autant que la vente et la substitution d'Hainguerlot auraient été légalement connues de l'expropriant antérieurement aux dites offres, ce que Hainguerlot ne prouve pas, rejette le 1er moyen et rejette également le 2me moyen en ce qu'il s'appliquerait aux parcelles nos 434 et 439 du cadastre.

« Mais statuant sur ce moyen en ce qu'il s'applique à la parcelle dite du Bassin de carénage, vu les art. 23, 24 et 27 précités;

« Attendu qu'il résulte en fait du procès-verbal des opérations du jury et des conclusions y annexées :

« 1° Que la ville de Paris soutenait, contrairement à la prétention d'Hainguerlot, que le Bassin de carénage était compris dans l'expropriation, que l'offre d'une somme de 28,000 francs à raison de ce bassin a été seulement faite à l'audience ;

« 2° Qu'Hainguerlot, en opposant à ces offres une demande plus élevée, ne les avait pas approuvées, mais qu'il en avait au contraire, sous toutes réserves de ses droits, relevé l'irrégularité et l'inadmissibilité ; — que les offres à faire par l'expropriant dans le délai de la loi, constituent une formalité essentielle de l'expropriation, d'où il suit qu'en ce qui concerne la fixation de l'indemnité relative au Bassin de carénage, les articles de la loi ci-dessus visés ont été directement violés.

« Attendu d'ailleurs que ce chef est indépendant des autres chefs soumis au jury.

« Casse et annule, seulement quant au chef du Bassin de carénage, la décision du jury de la Seine du 23 mars 1860, ensemble l'ordonnance du magistrat directeur du jury qui en ordonne l'exécution. »

(*Journal du Palais*, 1862, f° 120.)

13me *Espèce.*

OFFRE D'UN FRANC. — MOYEN DÉTOURNÉ POUR NIER LE DROIT A INDEMNITÉ.

Lorsque l'expropriant, tout en prétendant que l'indemnité réclamée n'est pas due en ce qu'elle se trouve comprise dans celle de son cessionnaire, fait cependant offre *d'un franc*, indemnité qui ne peut être considérée comme sérieuse, la décision du jury qui alloue cette indemnité doit être cassée comme contenant un excès de pouvoir, en s'attribuant par là le jugement d'une contestation sur le fond du droit qu'il devrait renvoyer devant les juges compétents, tout en fixant l'indemnité *sérieuse* qui sera due dans le cas où le droit de l'indemnité viendra à être reconnu. (Loi du 3 mai 1841, art. 39 et 49).

Ainsi résolu par un arrêt de la Cour de cassation du 23 avril 1855 dont nous donnons le texte.

La Cour, vu les art. 39 et 49 de la loi du 3 mai 1841 ;

« Attendu que, dans le cas où il y a litige sur le fond du droit ou sur la qualité des réclamants et toutes les fois qu'il s'élève quelques difficultés étrangères à la fixation du montant de l'indemnité, le jury, sans s'arrêter à la contestation dont le renvoi doit être prononcé devant qui de droit, fixe l'indemnité comme si elle était due.

« Attendu que, devant le jury de la Seine, la ville de Paris prétendant que l'indemnité réclamée par Colliau Carmen se trouvait comprise dans celle de Debauve son cessionnaire, et dès lors ne pouvait plus être réclamée par ledit Colliau Carmen.

« Attendu que le jugement de cette difficulté devait être renvoyé devant les tribunaux ordinaires ; que la ville de Paris ne pouvait pas, sans se mettre en contradiction avec elle-même, et uniquement en vue de soumettre au jury, par un moyen détourné, une question qui ne lui appartenait pas, offrir une indemnité *d'un franc ;* qu'en allouant cette indemnité qui, en présence des explications de la ville de Paris, ne pouvait être considérée comme sérieuse, le jury n'a eu d'autre but que de s'attribuer une juridiction qui lui a été refusée par la loi, d'où il suit qu'en agissant ainsi le jury a excédé les limites de sa compétence et violé les articles de la loi ci-dessus visé, casse, etc. »

14me *Espèce.*

OFFRE D'UN FRANC. — BAIL CONTESTÉ.

Un jury d'expropriation ne peut, en allouant une indemnité d'un franc, s'attribuer le jugement de savoir si le bail produit par le locataire est ou non valable, — spécialement il y a-t-il lieu de casser, pour violation des art. 39 et 49 de la loi du 3 mai 1841, la décision du jury et l'ordonnance du magistrat directeur dans une espèce où le procès-verbal constate ce qui suit :

« Nous magistrat directeur du jury, constatons que nous « avons interrompu Me Albanelly pour lui dire qu'il traitait « une question de dol et de simulation dont le jury ne « pouvait connaître et que l'art. 49 de la loi du 3 mai 1841 « réservait aux tribunaux ordinaires.

« Me Albanelly a répondu : Que l'offre d'un franc étant « la négation de toute indemnité, il était obligé de prouver « par la sincérité de son bail qu'une indemnité lui était due.

« Nous avons alors invité l'avocat de la ville à déclarer « si l'offre d'un franc impliquait l'acceptation du principe « d'indemnité.

« Me Senez, au nom de la ville, a répondu qu'aux termes « de l'art. 48 de la loi précitée, le jury était juge de la « sincérité des actes, et qu'en faisant l'offre *d'un franc* il se « conformait à la pratique admise devant le jury de Paris. »

Cassation en ce sens, après délibération en la Chambre du Conseil, d'une décision du jury d'expropriation de Marseille, en date du 17 juillet 1862, sur le pourvoi des sieurs Chave, Lan et Ce contre la ville de Marseille, dont nous devons faire connaître les motifs.

FAITS.

Dans un premier mémoire signé Béchard, les motifs de cassation sont ainsi présentés :

Le premier, fondé en ce que le magistrat directeur aurait interrompu les débats pour manifester son opinion personnelle, ce qui est la violation des art. 32, 33, 34, 37 et 38 de la loi du 3 mai 1841.

Le deuxième, tiré de la violation des art. 39 et 49 de la

même loi et de la fausse explication de l'art. 48, en ce que le jury aurait indirectement tranché une question de droit qui n'était pas de sa compétence.

Dans un second mémoire signé Béchard, Henri Chave, Lan et Ce ont présenté un troisième moyen de cassation s'appuyant sur l'art. 37 de la même loi, en ce que la ville de Marseille n'aurait pas fait d'offres et qu'en conséquence le tableau des offres et demandes n'aurait pas été mis sous les yeux du jury.

Sur quoi LA COUR :

« Vu les art. 39 et 49 de la loi du 3 mai 1841,

« Attendu qu'il résulte du procès-verbal des opérations du jury qu'il y avait ligite sur le droit, en vertu duquel Chave, Lan et Ce réclamaient une indemnité; que l'avoué de ceux-ci, ayant plaidé sur la validité du bail qui était leur titre, le magistrat directeur l'a interrompu pour lui dire qu'il traitait d'une question de dol et de fraude dont le jury ne pouvait connaître et que l'art. 49 de la loi du 3 mai 1841 réservait aux tribunaux ordinaires ; — que l'avoué des appellants a répondu que l'offre *d'un franc* étant la négation de toute indemnité, il était obligé de prouver par la sincérité de son titre que l'indemnité lui était due ; que l'avocat de la ville de Marseille, invité alors par le magistrat directeur a déclarer si *l'offre d'un franc* impliquait l'acceptation du principe de l'indemnité, cet avocat a répondu qu'aux termes de l'art. 48 de la loi du 3 mai 1841 le jury est le juge de la sincérité des actes ; qu'en faisant l'offre *d'un franc*, il se conformait à la pratique admise devant le jury de Paris; que de ces explications respectivement échangées, il résulte que la ville de Marseille, en offrant une indemnité *d'un franc*, mettait en question la validité du titre même constitutif du droit des expropriés, et n'avait d'autre but que de soustraire à la juridiction ordinaire un litige qui était exclusivement de la compétence de celle-ci, — d'où il suit qu'en fixant purement et simplement l'indemnité réclamée sans se conformer aux prescriptions des art. 39 et 49 de la loi du 3 mai 1841, le jury de Marseille et le magistrat directeur du jury, en ordonnant l'exécution de cette décision, ont violé lesdits articles de la loi.

« Casse et annule la décision rendue par le jury de Marseille le 17 juillet 1862, ensemble l'ordonnance du magistrat directeur du jury intervenue le même jour, les renvoie devant un autre jury dans le même arrondissement, etc. »

(Arrêt du 27 janvier 1863.)

NOTA. Les deux arrêts que nous venons de rapporter démontrent, d'une manière bien évidente, que l'offre d'un franc pour indemnité d'un dommage éprouvé n'est qu'un moyen employé par l'expropriant pour dissimuler la négation du droit à l'indemnité; car, de deux choses l'une, ou le droit existe, ou il n'existe pas; s'il existe, ce n'est pas une offre de *un franc* qui peut être considérée comme sérieuse et être admise pour représenter une juste indemnité d'un dommage quelque minime qu'il soit, et si l'expropriant pense que le droit n'existe pas, pourquoi user d'un moyen détourné pour le nier, au lieu de le nier clairement et franchement?

Mais voici le motif qui porte l'expropriant mal inspiré à faire une offre pareille. La pratique a lui appris que le jury, appréciant les motifs que l'avocat de l'administration lui soumet à l'appui de son offre, l'a presque toujours admise, sans se préoccuper si pareille décision est ou non de sa compétence, et alors comme les expropriés, victimes de ce moyen de barre, renoncent généralement à se pourvoir en cassation, soit par la crainte de succomber, soit à cause de l'impuissance où la plupart se trouvent de pourvoir à tous les frais dont ils auraient à faire l'avance, l'expropriant en fait son profit.

L'offre de *un franc* est donc un abus que nous croyons devoir signaler, abus qui a été bien reconnu par les arrêts qui précèdent, et nous pensons que messieurs les Jurés, convaincus par la jurisprudence, reconnaîtront que lorsqu'il y a litige sur le fond du droit, bien que le litige soit dissimulé par l'expropriant, ils devront fixer une indemnité éventuelle, tout comme si elle était due, et ne pas statuer sur une question de droit en dehors de leur compétence.

CHAPITRE III.

Des baux authentiques et des baux verbaux.

1re *Espèce.*

Un arrêt de la Cour de Cassation du 2 février 1847 avait décidé que l'indemnité éventuelle allouée par le jury d'expropriation à celui qui se prétend locataire des biens expropriés, ne peut être attribuée à ce locataire qu'autant qu'il prouvera l'existence du bail par un acte ayant date certaine, et qu'il ne lui suffirait pas d'alléguer des conventions verbales.

Plus tard le Tribunal civil de Lyon, par son jugement du 29 décembre 1854, a résolu cette question en sens contraire et par les motifs suivants :

« Considérant qu'Extragnat a été dépossédé de l'appartement qu'il occupait à titre de bail et loyer dans la maison du sieur Liénard dont l'expropriation a été prononcée pour cause d'utilité publique, qu'une indemnité de 6,000 francs lui a été éventuellement attribuée par une décision du jury ; que son droit à cette indemnité est contesté par le seul motif que son bail n'a pas une date certaine, antérieure à l'expropriation ; que les prétentions opposées des parties donnent lieu d'examiner si l'administration, ou la société de la rue Impériale qui lui est substituée, est autorisée à invoquer les dispositions des art. 1743 et 1750 du Code Nap.

« Considérant que ces deux articles sont applicables au contrat de vente volontaire, et disposent pour le cas où les droits des locataires ou fermiers n'ont pas été conservés par une stipulation de bail ; que l'art 1743 oblige l'acquéreur au maintien des baux authentiques ou ayant date certaine ; que l'art. 1750, au contraire, l'autorise à expulser sans dommages-intérêts les locataires dont les baux ne sont pas protégés par une date certaine ou par l'authenticité.

« Considérant que la loi de 1841, loi spéciale qui régit

l'expropriation pour cause d'utilité publique, n'a pas reproduit le principe de ces deux articles et n'en rappelle les dispositions ni expressément ni indirectement; que pour être admis à en invoquer la rigoureuse application il faudrait établir qu'il existe une similitude complète entre l'expropriation forcée et la vente volontaire.

« Considérant que si l'expropriation forcée a dans ses résultats et ses conséquences de l'analogie avec la vente volontaire, il est cependant impossible de lui attribuer le caractère d'un contrat consentuel, puisque tout en elle-même et sa dénomination exclut l'idée d'une convention formée par la volonté des deux parties; que dans la réalité l'exproprié n'est pas vendeur, de même que l'expropriant n'est pas un acquéreur; que l'administration se substitue de son plein gré et par la seule action de la loi aux lieux et droits du propriétaire, sans se soumettre à aucune autre obligation que celle de payer une juste et préalable indemnité; que cette indemnité ne peut être considérée comme un prix de vente, puisque si elle comprend la valeur de l'immeuble elle comprend aussi tout le préjudice que l'exproprié peut éprouver par le fait de sa dépossession dans sa fortune mobilière, dans sa jouissance ou dans son industrie; qu'une dissimilitude aussi essentielle dans le principe, la nature, le but des deux contrats doit nécessairement produire des différences dans leurs exécutions et leurs résultats.

» Considérant que l'art. 1750, au cas d'une vente volontaire, n'a rien de contraire aux principes généraux du droit; qu'en effet l'acquéreur n'a contracté aucune obligation envers le locataire dont l'existence lui était inconnue et peut justement user envers lui des rigueurs de la loi; que d'ailleurs le locataire dont les droits ont été compromis par le silence de la stipulation reçoit de l'art. 1322 du Code Napoléon un recours assuré contre le bailleur, et peut exciper de son bail même sans date certaine pour obtenir des dommages-intérêts; qu'ainsi les règles de l'équité et celles du droit se trouvent respectées dans une juste mesure.

« Considérant qu'au contraire de ce qui vient d'être dit l'expropriation forcée a pour effet non-seulement d'attribuer à l'administration publique les droits plus ou moins étendus du propriétaire, mais encore d'affranchir l'immeuble de tous les droits d'usufruit, de servitude, de location dont il peut être grevé temporairement ou à toujours, en sorte que tous ces droits s'effacent et se transforment en un droit à une indemnité préalable à la dépossession.

« Qu'ainsi l'administration se place elle-même en présence de toutes les parties intéressées, envers lesquelles elle contracte une obligation directe et formelle d'indemniser; — que cette première considération suffit pour détruire l'idée d'une complète assimilation entre l'acquéreur par contrat volontaire et l'expropriant, et pour démontrer que l'application de l'art 1750, légitime dans le premier cas, serait injuste dans la deuxième hypothèse.

« Considérant que, sans méconnaître le principe de l'indemnité préalable due par l'administration à tous les intéressés pour tous les droits temporaires ou définitifs, précaires ou absolus, la loi a dû établir des formalités et déchéances afin d'éviter les incertitudes et de prévenir les fraudes ; qu'en conséquence l'art. 21 de la loi du 3 mai 1841 a obligé les propriétaires expropriés à appeler et à faire connaître à l'administration, dans un délai déterminé, ses fermiers, locataires et autres intéressés ; — que de ce même article il résulte évidemment que l'administration est seule obligée à indemniser les locataires ou autres intéressés qui lui ont été régulièrement indiqués, et que le propriétaire est seul responsable envers ceux dont il a négligé de faire connaître les droits.

« Considérant que si la prétention de la Compagnie de la rue Impériale pouvait être accueillie, il s'en suivrait que le locataire dont le bail serait sans date certaine, malgré sa bonne foi et les preuves les plus concluantes de la légitimité de sa réclamation, serait exposé à la dépossession et à la ruine sans avoir droit à aucune indemnité ; qu'en effet il serait privé de toute action contre la Compagnie expropriante par la disposition de l'art. 1750 du Code Napoléon, et que tout recours lui serait également interdit contre le propriétaire exproprié, par l'art 21 de la loi du 3 mai 1841 ; qu'ainsi il aurait subi l'expropriation sans pouvoir prétendre à l'indemnité préalable qui en est la condition essentielle, tandis que l'administration ou le propriétaire aurait les bénéfices de ses pertes ; qu'un tel résultat serait le renversement de toutes les règles de l'équité et de tous les principes du droit civil et public.

» Considérant que si l'administration a eu souvent à lutter contre des exagérations, des simulations et des fraudes scandaleusement produites ou employées devant le jury, il n'est pas exact que la loi l'ait abandonnée sans défense devant les coupables et honteuses manœuvres ; que d'ailleurs cette circonstance ne serait pas une raison juridique pour étendre l'application de l'art. 1750 au delà des limites du contrat de vente, et pour autoriser l'administration à se rendre injuste envers des locataires de bonnne foi.

« Considérant que la sincérité du bail verbal dont excipe Extragnat et dont la connaissance a été donnée à la Compagnie en temps utile, n'a point été mise en doute ; que dès lors la demande est légitime.

« Pour ces motifs condamne la Compagnie Impériale et Ce.

Appel par la Compagnie de la rue Impériale.

Arrêt de la Cour impériale de Lyon (2me chambre) du 16 mars 1855, qui infirme le jugement précité en faisant l'application rigoureuse de l'art. 1740 du Code Napoléon, qui édicte qu'un bail qui n'a pas date certaine n'est pas opposable à des tiers, et en déclarant qu'en matière d'expropriation pour cause d'utilité publique l'expropriant doit être considéré comme un tiers.

Toutefois la première chambre de cette Cour n'a pas admis cette jurisprudence, et à la date du 7 août 1855 elle a rendu un arrêt en sens contraire et dont voici le texte :

VILLE DE LYON contre VALLAT.

LA COUR. — Sur la 1re question.

« Attendu que l'indemnité préalable est la condition nécessaire au point de vue de l'équité et de la justification de l'expropriation pour cause d'utilité publique. Qu'elle est due non-seulement au propriétaire exproprié mais aussi aux fermiers, aux locataires et à quiconque subit une dépossession au nom de l'utilité publique.

« Attendu que le législateur qui a réglé la condition du locataire, vis-à-vis du nouveau propriétaire, soit en cas de vente volontaire (art. 43 et suivants du Code Napoléon), soit en cas d'expropriation par suite de saisie immobilière (art. 684 du Code de procédure civile), en distinguant entre les baux qui ont et ceux qui n'ont pas date certaine, ne fait aucune distinction de ce genre dans la loi spéciale sur l'expropriation pour cause d'utilité publique ; que ce silence ne se comprendrait pas, si le législateur, faisant violence à des habitudes publiques bien connues de lui et fondées sur la tolérance de la loi elle-même (art. 1714 du Code Napoléon), subordonnait l'indemnité due au locataire dépossédé pour cause d'utilité publique à l'enregistrement ou à toute autre circonstance susceptible de donner au bail une date certaine.

« Mais qu'en examinant attentivement l'économie de la loi du 3 mai 1841, on reconnaît que si la loi n'a fait aucune distinction entre les locataires pourvus ou non d'un bail ayant date certaine, c'est que son intention était en réalité de n'en point faire.

« Attendu, en effet, que dans la combinaison de cette loi l'indemnité revenant au locataire est, en principe, à la charge du propriétaire, et qu'à l'égard de celui-ci la circonstance que le bail n'est pas enregistré ou n'a pas date certaine n'est évidemment d'aucune considération.

« Qu'à la vérité l'art. 21 de la loi du 9 mai 1841 permet au propriétaire de s'exonérer de cette charge en se substituant l'administration expropriante, dans le règlement de l'indemnité due au locataire ; mais qu'il est manifeste que la loi n'a pas entendu par là empirer la condition du locataire, mais seulement éviter des circuits inutiles, et qu'ainsi, dans l'intention de la loi, l'administration expropriante, substituée à l'obligation du propriétaire, est tenue d'indemniser le locataire dans la même étendue que le propriétaire lui-même. — Qu'il résulte de là que si l'administration ou la Compagnie expropriante peut être assimilée à un acquéreur, elle ne peut être assimilée qu'à l'acquéreur obligé par le contrat de remplir les engagements du vendeur envers le locataire, et qu'effectivement la dénonciation du locataire faite par le propriétaire dans les termes de l'art. 21 de la loi du 3 mai 1841 n'a pas d'autre sens que celui d'une obligation imposée à l'administration d'exonérer le propriétaire de ses engagements envers le locataire.

« Attendu qu'une interprétation contraire produirait les conséquences les plus choquantes et les plus iniques ; — qu'il en résulterait que, dans le cas d'un bail non enregistré, le locataire qui devrait recevoir une forte indemnité, si cette indemnité était réglée avec le propriétaire, n'en recevrait aucune, si le règlement se faisait avec l'administration ou la Compagnie expropriante ; —que l'administration ou la Compagnie qui, si elle n'avait à compter qu'avec le propriétaire, devrait nécessairement tenir compte à celui-ci de l'indemnité qu'il aurait à payer au locataire, serait déchargée de cette obligation par le seul fait que le propriétaire aurait dénoncé son locataire, et qu'en définitive le sort du locataire, dont le bail n'aurait pas date certaine, dépendrait du fait et de la volonté du bailleur, ce qui serait contraire non-seulement à l'équité mais aux principes essentiels du droit commun; — qu'il n'y a pas lieu de s'étonner que le législateur n'ait pas relevé dans la loi spéciale d'expropriation, pour cause d'utilité publique, une distinction qui, eu égard à l'économie générale de cette loi, aurait produit de pareils résultats.

« Attendu qu'il y aurait une autre et décisive raison pour que la loi du 3 mai 1841 ne s'attachât à aucune distinction entre les baux ayant ou n'ayant pas date certaine; c'est que le pouvoir discrétionnaire dont elle investissait le jury en le déclarant juge de la sincérité des titres et de l'effet des actes qui seraient de nature à modifier l'évaluation de l'indemnité (art. 48), était à ses yeux une garantie suffisante contre les fraudes, en même temps qu'aux manifestations de sa volonté de faire prévaloir l'équité sur les règles du droit rigoureux, dans le règlement des indemnités motivées par l'expropriation pour cause d'utilité publique; — qu'il résulte de ce libre arbitre donné au jury que la loi n'a voulu soumettre à aucune règle absolue la détermination de l'indemnité, et que le jury n'est pas plus obligé de rejeter comme frauduleux un bail non enregistré, qu'il n'est forcé d'admettre comme sincère un bail enregistré ou ayant date certaine; — que rien ne serait donc plus contraire à l'esprit et à l'économie de la loi du 3 mai 1841 qu'une doctrine d'après laquelle le non enregistrement d'un bail serait, par lui-même et indépendamment de tout indice de fraude, une indice de déchéance pour le locataire dans son droit d'indemnité;

« Attendu que Vallat, locataire, en vertu d'un bail dont la

sincérité n'est pas même deniée, des lieux qu'il occupait dans l'une des maisons expropriées pour l'exécution de la rue Impériale, en a été dépossédé en vertu de la loi sur l'expropriation pour cause d'utilité publique ; — que cette dépossession lui a ouvert le droit à l'indemnité dont l'appréciation rentrait dans la compétence souveraine du jury, telle qu'elle a été organisée par les art. 18 et 52 de la loi du 3 mai 1841 ; — que cette indemnité a été fixée par le jury à 38,000 fr. et qu'il n'appartient pas à la Cour de réviser cette évaluation et d'en contrôler les éléments.

Sur la 2me Question.

« Attendu qu'en supposant que la Compagnie expropriante pût s'assimiler à un acquéreur, par suite d'une vente volontaire, qui n'a pris aucun eugagement de remplir les obligations de son vendeur vis-à-vis du locataire, et fût en position d'invoquer l'art. 1750 du Code Napoléon, cet article serait sans application dans la cause, puisque le bail de Vallat était enregistré non-seulement avant le jugement qui a prononcé l'expropriation des immeubles dont l'occupation était nécessaire à l'ouverture de la rue Impériale, mais même avant l'arrêté préfectoral qui a déterminé les propriétés sur lesquelles l'expropriation devait porter ; que la prétention de la Compagnie d'exiger que le bail fût enregistré avant le décret impérial qui a autorisé l'expropriation en déclarant l'utilité publique des travaux à exécuter, est purement arbitraire et ne s'appuye sur aucune disposition légale ; —que l'expropriation pour cause d'utilité publique s'opérant par autorisation de justice, suivant l'expression de la loi, et ne résultant que du jugement qui l'a prononcée, le propriétaire, même menacé d'expropriation, conserve jusqu'à ce jugement le droit de disposer de sa chose et de la louer, sauf au jury à discerner si l'exercice de ce droit n'a pas un caractère frauduleux et d'apprécier l'influence que les actes, quelle que soit leur date, peuvent avoir sur la fixation équitable de l'indemnité ; — que l'art. 684 du Code de procédure invoqué par la Compagnie pour faire annuler sur la demande du créancier ou de l'adjudicaire les baux n'ayant pas date certaine, avant le commandement préalable à la saisie immobilière est, par ses termes même, exclusivement relatif à l'expropriation sur saisie-immobilière, et qu'une disposition analogue n'était pas à insérer dans la loi sur l'expropriation pour cause d'utilité publique, puisqu'il entrait dans l'esprit de cette loi, d'étendre le pouvoir discrétionnaire du jury à tous les actes produits par l'indemnitaire, quelle que fut leur date; — qu'au surplus l'absence dans la loi sur l'expropriation pour cause d'utilité publique, d'une disposition déterminant l'époque précise où le bail devait être enregistré est un indice de plus que la loi n'attachait à l'enregistrement aucune importance absolue. »

Cour impériale de Lyon, 1re Chambre; prés. M. Lagrange. Concl. conf. de M. Falconnet, 1er avocat général.

(V. *Sirey*, 1855 et 2 f° 637.)

2me *Espèce.*

BAIL N'AYANT PAS DATE CERTAINE.

Le locataire exproprié pour cause d'utilité publique a droit de réclamer une indemnité, quoique son bail ne soit pas authentique ou n'ait pas acquis date certaine.

Cette question, bien que résolue par les jugements et arrêts qui précèdent, ne saurait être trop élucidée, car bien que les espèces soient analogues, elles ne sont pas parfaitement identiques, et il peut exister dans les causes telles circonstances qui peuvent permettre de considérer comme valable ou non des baux n'ayant pas date certaine, et les jugements et arrêts que nous allons rapporter expliqueront cette différence dans les solutions intervenues.

Toutefois il restera bien établi qu'un bail n'ayant pas date certaine doit être considéré comme valable, s'il n'est pas prouvé, par les circonstances de la cause, qu'il a été l'effet d'un concert frauduleux.

COMPAGNIE DU CHEMIN DE FER DE SAINT-RAMBERT A GRENOBLE Contre REPPELIN ET ROGET.

Un jugement du Tribunal civil de Grenoble, du 2 février 1856, avait résolu la question en faveur des locataires; il était motivé dans les termes suivants :

« Attendu que lorsqu'a eu lieu l'expropriation pour cause d'utilité publique des parcelles appartenant aux héritiers Roget, nécessaires à l'établissement du chemin de fer, la société de commerce Reppelin et Roget jouissait de ces parcelles à titre de locataire; que si cette location n'est constatée par aucun écrit ayant date certaine, il résulte clairement des documents produits que la jouissance de ces derniers avait commencé le 1er août 1839, en vertu d'un bail verbal dont la durée était fixée à cinq ans, et qu'à l'expiration de ce laps de temps elle avait continué par tacite reconduction ; — que le 1er janvier 1865, date du jugement d'expropriation, la Compagnie expropriante était donc en présence de locataires jouissant, en vertu d'un bail tacite qui avait commencé le 1er août 1854 et devait finir à pareil jour de 1855 ; — que son droit se trouvait ainsi tracé par les art. 1753 et suivants du Code Nap.

« Attendu que, du rapprochement de ces articles, il ressort que l'acquéreur d'immeubles possédés en vertu d'un bail qui n'est pas authentique ou n'a pas date certaine, peut expulser le locataire, mais en l'avertissant en temps d'avance, usité dans les lieux pour les congés.

« Attendu, dès lors, que la Compagnie voulant user du droit d'expulser Reppellin et Roget était tenue de les avertir en temps utile pour les congés à Voiron.

« Attendu qu'il est constant, en fait, que lorsqu'il s'agit de magasins, de rez-de-chaussée et de leurs dépendances, l'usage à Voiron exige que le congé soit donné six mois avant le terme de sa location, que la Compagnie devait donc à Reppellin et Roget six mois avant de les expulser.

« Attendu que si cet avertissement n'a pas eu lieu dans la forme ordinaire, on doit admettre, comme en tenant lieu, la signification qui a été faite le 29 janvier du jugement d'expropriation. — Et attendu qu'il est reconnu que la prise de possession des immeubles a eu lieu le 30 mai et qu'elle a dès lors précédé de deux mois l'expiration du temps qu'avaient les locataires avant d'être obligés de vider les lieux, d'ou il suit qu'il est dû indemnité à ces derniers à raison de cette privation de jouissance pendant deux mois.

« Attendu que si l'on prétend que cette cause d'indemnité n'est pas en rapport avec la somme de deux mille francs que le jury a éventuellement attribuée, il n'entre pas dans les pouvoirs du tribunal d'examiner le mérite de cette prétention ; — qu'alors même qu'il serait vrai que le jury, pour adopter ce chiffre, a pris en considération une durée de quatre ans, que Reppellin et Roget donnaient encore à leur bail, le tribunal, tout en reconnaissant que la jouissance de ces locataires ne devait plus se continuer que pendant deux mois, n'aurait pas le droit de modifier cette évaluation, car la loi du 3 mai 1841 confère au jury seul celui d'apprécier l'indemnité, sans permettre aux tribunaux de la réserver ni d'en contrôler les éléments.

« Attendu que le motif s'applique à l'indemnité pour préjudice commercial fixé par le jury à 15,000 francs.

« Attendu d'ailleurs qu'on ne pourrait dire avec certitude que la décision du jury a eu pour base, et surtout pour base unique, un bail de quatre ans de durée ; qu'il est permis de penser que, pour l'indemnité relative à la location, la difficulté pour Reppellin et Roget de se pourvoir d'un autre local, les dépenses et les embarras pour un déplacement, pour l'indemnité commerciale, le préjudice général qu'éprouvait le commerce d'abandonner un entrepôt, des comptoirs depuis longtemps achalandés, impossible peut-être à remplacer ; la certitude que, sans l'expropriation, la société Reppellin et Roget aurait joui longtemps encore du même local, bien qu'aucun bail ne lui en donnât le droit, ont été les principaux, le véritable élément de l'évaluation du jury.

« Attendu, au surplus, que si la Compagnie avait à se plaindre d'exagération, elle ne devait se l'imputer qu'à elle-même, puisqu'elle a à se reprocher, après avoir contesté tout droit à indemnité, de n'avoir pas demandé subsidiairement la fixation d'une ou de plusieurs indemnités éventuelles basées sur une privation de jouissance de moins de quatre ans, et même de deux mois que reconnaît aujourd'hui le tribunal.

« Dit qu'il y a lieu à indemnité, que les demandeurs sont en droit de se prévaloir contre la Compagnie de celles qui ont été fixées par le jury ; ordonne en conséquence que la somme de 17,000 fr. sera payée par la Caisse des consignations, etc.

« Sur l'appel, la Cour impériale de Grenoble a confirmé le jugement de première instance par son arrêt du 30 août 1856. (V. *Sirey*, 1856, v. 2, f° 211.)

3me *Espèce.*

Le tribunal de première instance de la Seine avait déclaré bonne et valable une promesse de bail de neuf ans faite à la demoiselle Goret, bien que cette promesse n'eût pas une date certaine ; mais la Cour Impériale de la Seine, par son arrêt du 20 juillet 1858, a infirmé le jugement de première instance ; — par le motif que, dans les circonstances particulières de la cause, ne se trouve pas la preuve de l'existence de cette promesse à une époque antérieure au jour du jugement d'expropiration.

(V. *Sirey*, 1858, 2me s. f° 560).

4me Espèce.

Lorsque la validité du bail dont excipe un locataire exproprié est contestée par l'administration ou que l'administration prétend que, par une criconstance particulière (comme ayant été consenti après le décret d'expropriation), ce bail ne peut lui être opposé et que le locataire ne saurait y trouver une cause d'indemnité, il y a là litige sur le fond du droit de la compétence des tribunaux ordinaires, et non simple question d'appréciation des éléments de l'indemnité attribuée au jury (loi du 3 mai 1841, art. 39 et 48); par suite le jury doit fixer deux indemnités alternatives : l'une pour le cas où le bail serait déclaré valable, l'autre pour le cas où il serait annulé et où le locataire n'aurait ainsi qu'une location purement verbale.

Ainsi résolu par arrêt de la Cour de Cassation des 28 janvier 1857 et 11 avril suivant.

(V. *Sirey,* 1857, 1er v., fos 300 et 859.)

BAIL. — DATE CERTAINE. — INDEMNITÉ.

Le locataire ou fermier d'un immeuble exproprié pour cause d'utilité publique a droit de réclamer une indemnité quoique son bail n'ait pas acquis date certaine, lorsque d'ailleurs il résulte des circonstances de la cause que le bail a été passé de bonne foi et sans fraude. (Cod. Nap. art. 1328 et 1750. — Loi du 3 mai 1841.)

LOUVAT contre CHEMIN DE FER DE SAINT-RAMBERT.

Divers terrains appartenant aux héritiers Rappellin avaient été expropriés par la Compagnie du Chemin de fer de Saint-Rambert à Grenoble; sur la signification qui leur a été faite du jugement d'expropriation, et dans le délai prescrit par l'art. 21 de la loi du 3 mai 1841, les expropriés ont fait connaître à la Compagnie que le sieur Louvat était fermier des terrains expropriés. — Celui-ci s'est en conséquence présenté devant le jury et a demandé à la Compagnie une indemnité pour la dépossession anticipée et la privation de jouissance pendant trois ans de durée d'un bail continué par tacite reconduction. Depuis le 1er novembre 1837, la Compagnie a contesté cette prétention, en se fondant sur ce que le sieur Louvat ne justifiait ni de sa qualité de fermier par un bail quelconque encore vigueur, ni de la durée qu'aurait encore le prétendu bail, et elle s'est réservée le droit de faire décider par les juges compétents, dans le cas où le jury fixerait une indemnité, si le sieur Louvat y avait réellement droit.

En cet état et le jury ayant réglé au profit du sieur Louvat une indemnité éventuelle de 1,000 fr. la Compagnie a saisi le tribunal de Saint-Marcellin de la question de savoir s'il existait un bail qui lui fût opposable ; elle soutenait que le sieur Louvat ne représentant aucun bail ayant date certaine avant le jugement d'expropriation, sa qualité de fermier n'était point légalement établie à l'égard des tiers et ne pouvait lui être opposée, d'où la conséquence qu'il ne lui était dû aucune indemnité.

10 juin 1857, jugement qui repousse ce système et alloue au sieur Louvat l'indemnité éventuellement fixée par le jury. Ce jugement considère en substance que les droits et les obligations de l'adjudicataire, pour cause d'utilité publique, doivent être assimilés à ceux d'un adjudicataire sur vente forcée d'immeubles; qu'aux termes de l'art. 691 du Code de proc. les baux peuvent être annulés ou maintenus suivant les circonstances dont les tribunaux ont la libre appréciation, et qu'en fait il résulte des documents produits au procès, qu'un bail verbal, passé par les héritiers Rappelin à Louvat, avait encore 3 ans à courir au moment de la dépossession de ce fermier ; que ce bail sérieux et sincère, alors en cours

d'exécution, donnait droit au fermier dépossédé à l'indemnité fixée par le jury et qui devait lui être payée par la Compagnie, etc., etc.

Appel. — Mais le 9 novembre 1858, arrêt de la Cour impériale de Grenoble qui confirme en ces termes :

« Attendu qu'il est de principe fondamental, en nature d'expropriation publique, qu'elle ne peut avoir lieu sans une juste indemnité, ce qui oblige d'indemniser non-seulement le propriétaire mais encore le fermier, les locataires et quiconque subit une dépossession au nom de l'intérêt public ; — attendu que l'obligation d'indemniser le fermier ne pouvait être imposée au propriétaire lui-même, d'abord parce que cette obligation aurait diminué la juste indemnité de ce dernier ; ensuite parce que ce n'est point par suite d'un fait du propriétaire ou de son consentement que le bail cesse d'être exécuté, mais par une force majeure qui donne à la propriété une nouvelle destination, incompatible avec le bail ; d'où il suit que l'expropriant doit supporter l'indemnité du fermier et qu'il doit la supporter directement et de son propre chef, comme obligation naissant d'un préjudice causé par lui sans que le propriétaire y ait participé ; — attendu qu'il résulte de là que l'expropriant n'est pas un tiers qui puisse opposer au fermier le défaut de date certaine de son bail, puisque le bail sans date certaine n'est pas moins obligatoire pour le bailleur à l'égard duquel il se résout à une indemnité en cas d'inexécution, et que le préjudice dont il y a lieu d'indemniser le fermier consiste précisément en ce que l'expropriation pour cause d'utilité publique lui enlève ce recours contre le propriétaire, en sorte que, sous ce rapport, l'expropriant est substitué à l'obligation de ce dernier ; — attendu que c'est en ce sens que l'obligation de l'expropriant à l'égard du fermier et des locataires a été consacrée par la loi du 3 mai 1841. — Qu'en effet, l'art. 21 de cette loi n'impose pas au propriétaire d'autres responsabilités envers ses fermiers et locataires que de les faire connaître à l'expropriant, que cet article ne fait aucune distinction entre les baux ayant ou n'ayant pas date certaine; que cette formalité remplie, le fermier devient partie dans la procédure subséquente, c'est-à-dire dans le contrat volontaire ou judiciaire qui règle la dépossession, de la même manière que si, dans un contrat de vente, le vendeur faisait intervenir le fermier de l'immeuble vendu ; — attendu que s'il en était autrement, l'art. précité aurait le résultat inadmissible que le fermier ne serait pas indemnisé par l'expropriant à cause du défaut de date certaine de son bail, et qu'il ne le serait pas non plus par le bailleur, parce que celui-ci aurait, en temps utile, fait connaître le bail à l'expropriant ; — attendu que l'art. 1750 du Cod. Nap. n'est pas applicable à la cause par la raison déjà indiquée, savoir : 1° que la dépossession du fermier par la vente volontaire laisse subsister son droit indemnitaire contre le bailleur, tandis que l'expropriation pour cause d'utilité publique l'en dépouille, ce qui est un préjudice certain nonobstant l'incertitude de la date du bail ; 2° que s'il est conforme aux principes du droit qu'un acquéreur ne soit point lié par un bail dont il ne lui a pas été donné connaissance, lorsque les conditions et le prix ont été réglés, et que s'il est d'ailleurs présumé avoir ignoré, il serait au contraire très-injuste que l'expropriant ne fût pas tenu d'indemniser un fermier dont le bail lui a été dénoncé au moment voulu par la loi et avant règlement des conditions de la dépossession, en sorte que s'il fallait assimiler l'expropriant à un acquéreur ordinaire, ce serait à un acquéreur auquel son vendeur aurait fait connaître en temps utile l'existence du bail.

« Attendu qu'il résulte encore de ce qui précède, que la simulation dont un bail pourrait être infecté n'est point prouvée par le seul défaut de date certaine, qu'on peut seulement en induire une présomption à apprécier par les tribunaux;

mais ce qui doit dominer dans cette appréciation, c'est le fait toujours notoire de la possession du fermier, laquelle, dans l'espèce du procès actuel, remonte à un grand nombre d'années et n'est pas sérieusement contestée, de sorte qu'il n'existe aucun doute sur la réalité et la sincérité du bail invoqué.

« Adoptant au surplus les motifs du jugement de première instance qui n'ont rien de contraire à ce qui précède, confirme ledit jugement. »

Pourvoi en cassation par la Compagnie du chemin de fer pour violation des articles 1328-1750 du Cod. Nap.

En ce que l'arrêt attaqué a déclaré opposable à cette Compagnie un bail sans date certaine. On a dit à l'appui du pourvoi : « Celui au profit de qui est prononcée une expropriation pour utilité publique est un véritable acquéreur de la chose expropriée; » et il résulte de l'art. 1750 du Code Nap. qu'à moins de conventions contraires l'acquéreur n'est tenu des baux consentis par le vendeur que s'ils sont enregistrés ou s'ils ont date certaine; il est vrai que l'art. 21 de la loi du 3 mai 1841 qui oblige l'expropriant à indemniser les fermiers ou locataires, ne fait aucune distinction; mais cet article qui réglemente en matière spéciale, s'en réfère évidemment aux règles générales, c'est-à-dire aux art. 1328 et 1750 pour savoir quand, vis-à-vis de l'expropriant, il y a un fermier ou un locataire. Il n'y a aucune objection à tirer de l'art. 684 du Cod. de proc. qui est une dérogation au droit commun, et qui dès lors ne peut exercer aucune influence sur la solution d'une question régie par les principes généraux.

C'est également en vain qu'on objecterait que l'expropriant puise son titre dans la loi et non dans un contrat comme un acquéreur ordinaire, pour en conclure que l'art. 1750 ne lui est pas applicable; en effet, c'est précisément parce que l'expropriant prend un titre dans la loi qu'il est un véritable tiers non-seulement par rapport au preneur, mais par rapport au propriétaire, qu'il a besoin d'exiger que l'un comme l'autre justifie de son titre à l'indemnité, et ce droit ne peut être justifié en ce qui touche le fermier ou le locataire que dans la forme déterminée par les règles du droit commun. Peu importe que la loi d'expropriation mette à la charge du propriétaire la dénonciation à l'expropriant des locataires ou fermiers, on ne saurait voir dans cette dénonciation une preuve de l'existence du bail ni l'assimilation à la convention qui intervient entre un vendeur et un acquéreur auquel les baux sont déclarés; il y a en effet cette différence entre l'expropriant et l'acquéreur que le premier est toujours obligé d'indemniser le fermier ou locataire déclaré par le propriétaire, tandis que l'acquéreur, s'il trouve trop lourde la charge résultant de ces déclarations, peut la refuser. L'expropriant doit donc avoir droit de contester les baux, ou, ce qui revient au même, de n'admettre que ceux qui lui sont opposables suivant les règles des art. 1328 et 1750 Il faut d'ailleurs remarquer que cette exigence n'a rien de gênant pour les locataires ou fermiers de bonne foi, puisque rien ne les empêche, quand une expropriation a été décrétée, de faire enregistrer leur titre avant le jugement d'expropriation, et de se mettre en règle vis-à-vis de l'expropriant. S'ils ne font pas ce qui leur était facile à faire, c'est que le bail dont ils se prévalent n'est pas sérieux, et en jugeant que, dans ces circonstances, il peut néanmoins être opposé à l'expropriant, l'arrêt attaqué a méconnu les règles spéciales de la matière en même temps qu'il a violé les art. 1328 et 1750 du Code Napoléon.

Arrêt (après délibération en Chambre du Conseil.)

La Cour,

« Attendu que la loi du 3 mai 1841, en traçant les formes

et conditions de l'expropriation pour cause d'utilité publique, a voulu assurer non-seulement aux propriétaires expropriés, mais encore aux autres intéressés, notamment aux locataires et fermiers, toutes les garanties d'une juste et préalable indemnité; qu'il résulte des art. 29 et 39 de ladite loi que l'expropriant est substitué au propriétaire à raison de l'inexécution des baux, pourvu que la déclaration des propriétaires faisant connaître les droits des locataires et fermiers ait lieu dans les formes et délais voulus par la loi; qu'en effet l'art. 21 de la loi précitée veut que le propriétaire, dans la huitaine de la notification du jugement d'expropriation, appelle et fasse connaître à l'administration ses fermiers et locataires, et qu'à défaut de le faire, il reste seul chargé envers eux des indemnités auxquelles il aurait droit; — attendu qu'il résulte clairement de cette disposition que les propriétaires, en s'y soumettant, sont désormais affranchis des conséquences d'une dépossession qui ne procède pas de leur fait, et que l'expropriant est tenu, en leur lieu et place, d'indemniser, comme ils auraient été obligés de le faire eux-mêmes, lesdits fermiers ou locataires, au même titre et de la même manière, du préjudice résultant de l'expropriation; — attendu que ces dispositions spéciales dérogent en ce point aux règles du droit commun telles qu'elles sont formulées aux art. 1328 et 1750 du Code Nap.; qu'il ne suffit donc pas qu'un bail, à défaut d'enregistrement ou de l'une des circonstances déterminées par la loi, n'ait pas date certaine à l'égard des tiers, pour que l'expropriant soit dispensé de l'obligation d'indemniser le fermier ou le locataire, lorsque d'ailleurs le bail a été passé de bonne foi et sans fraude, ce qu'il appartient aux tribunaux d'examiner; — attendu, en fait, qu'il est constaté par l'arrêt attaqué que le bail et les droits du fermier Louvat avaient été dénoncés à la Compagnie dans les formes et délais prescrits par la loi; qu'il est de plus déclaré par ledit arrêt que la sincérité et la preuve du bail résultaient de tous les documents et circonstances de la cause, et que, dans cet état, l'arrêt attaqué, en décidant que le bail de Louvat, quoique non enregistré, pouvait être opposé à la Compagnie expropriante, n'a pas violé les articles invoqués ni aucune loi; — rejette, etc. »

(Du 27 avril 1861, Chambre civile, Prés. M. Pascalis.)

CHAPITRE IV.

Effets du jugement d'expropriation et de la cession amiable sur les locations et fermages.

Le jugement d'expropriation pour cause d'utilité publique a pour effet immédiat et nécessaire la résolution des baux.

L'expropriant n'a pas le droit d'exiger la continuation du bail jusqu'à son terme.

Les locataires ne peuvent être passibles d'aucun loyer, à raison d'une occupation par eux subie contre leur volonté.

Ces principes ont été consacrés par la Cour impériale de Paris et par la Cour de Cassation dans les arrêts que nous allons rapporter.

1re *Espèce.*

Un jugement du tribunal civil de la Seine, du 25 août 1860, fut rendu en ces termes :

« Attendu que si l'on doit reconnaître, que si cet immeuble est passé aux mains de la ville comme frappé d'expropriation pour cause d'utilité publique, on doit reconnaître en même temps que le jugement d'expropriation a eu pour effet d'anéantir tous les baux, et de substituer au droit au bail un simple droit à indemnité.

« Attendu qu'au cas d'expropriation les droits se trouvent annulés de plein droit par une disposition formelle de la loi, et comme conséquence nécessaire et légale de l'expropriation ; qu'il ne peut appartenir à l'une des parties de faire revivre ce qui n'a plus d'existence, et que si les baux peuvent être maintenus, ce ne peut être que comme conséquence d'une convention nouvelle, qui ne peut se former que par le consentement des parties contractantes ; que l'on ne peut soutenir que cette disposition qui annule les baux n'est édictée qu'en faveur de la partie expropriante, et qu'il est loisible à cette dernière de ne pas en user.

« Attendu, en effet, que la loi ne peut être interprétée lorsque le sens en est clair, précis et formel ; qu'il ne s'agit pas d'un droit de résiliation faculcatif, mais d'une annulation de plein droit, qu'il ne peut appartenir à aucune des parties de ne pas accepter.

« Attendu, en outre, que la position du locataire, même au cas où il serait laissé dans les lieux pendant tout le temps que son bail aurait encore à courir, peut se trouver modifiée par certaines circonstances, et notamment par l'impossibilité dans laquelle il se trouve de trouver un acquéreur pour son fonds de commerce.

« Attendu, en effet, qu'une vente de commerce ne peut se faire avantageusement que dans le cas où l'acquéreur peut espérer une prolongation de bail de la part du propriétaire, et que, dans le cas d'expropriation, cette vente n'est plus possible.

« Attendu, en tout cas, que chacun est seul juge de son intérêt, et qu'un locataire ne peut être tenu de conserver une location qui se trouve annulée, et dont conséquemment on n'a plus le droit de lui imposer la continuation.

« Attendu, etc.

« Attendu que les loyers sont la représentation de la jouissance ; que B. et C. sont restés dans les lieux, et que, bien que leurs baux n'eussent plus d'existence, cette occupation les rend passibles de loyers représentant la jouissance qu'en fait ils ont conservée.

« Attendu néanmoins qu'il appartient au tribunal d'apprécier si cette jouissance ne doit pas être modifiée et restreinte jusqu'à une certaine mesure par suite de l'expropriation.

« Attendu qu'il résulte des documents produits que cette maison n'a pas été entretenue comme elle aurait pu et dû l'être par un propriétaire ordinaire ; que l'on comprend, en effet, qu'étant destinée à tomber, on n'a pu ni dû faire les réparations qu'elle pouvait exiger.

« Attendu, en outre, que B. et C. ont dû éprouver un trouble sérieux dans leur industrie par suite de l'incertitude dans laquelle ils se trouvaient sur la durée de leur jouissance.

« Attendu enfin que l'on doit prendre en considération que cette jouissance n'était pas volontairement acceptée, mais leur était au contraire imposée.

« Attendu que le tribunal a les éléments nécessaires pour proportionner le prix du loyer à la jouissance qu'ils ont conservée ;

« Dit que, par suite de l'expropriation de l'immeuble dont B. et C. étaient locataires, ces derniers étaient fondés à considérer leur bail comme annulé, et ont droit à toucher l'indemnité à eux allouée par le jury.

« Ordonne que B. et C. seront tenus de quitter les lieux par eux occupés pour le 1er octobre prochain ; qu'ils seront tenus de payer leurs loyers jusqu'à ladite époque, savoir : C. sur le pied de 2,500 francs par an, et B. sur le pied de 3,000 francs, — lesquelles sommes se compenseront jusqu'à due concurrence avec le montant des indemnités qui leur sont dues, etc. »

Appel par le Préfet de la Seine.

Appel incident par B. et C.

(Extrait de l'arrêt de la Cour impériale de Paris du 7 mai 1861).

La Cour, sur l'appel principal.

« Considérant que le jugement qui, dans les termes de l'art. 14 de la loi du 3 mai 1841, donne acte au propriétaire exproprié de son consentement à la cession de son immeuble, sauf fixation de l'indemnité par le jury, remplace le jugement d'expropriation et produit les mêmes effets; que l'un comme l'autre transmet la propriété toute entière à l'expropriant dans les conditions spéciales de la dépossession pour cause d'utilité publique.

« Considérant que tous les droits sur l'immeuble exproprié se trouvent résolus ; que le locataire, notamment, ne peut plus se prévaloir de son bail, et n'a plus, comme tous les autres intéressés, qu'une indemnité à réclamer.

« Considérant que le contrat résolu à l'égard du locataire ne peut être maintenu au profit de l'expropriant ; que la faculté pour celui-ci de résoudre ou de maintenir à son gré les baux existants, constituerait une condition protestative contraire à l'essence des contrats synallagmatiques.

« Considérant que si, au cas d'aliénation volontaire, l'acquéreur a le droit de continuer l'exécution du bail, c'est par cette juste raison de réciprocité que, de son côté, le locataire peut se prévaloir de son bail contre l'acquéreur ; qu'ainsi l'analogie invoquée par l'appelant n'est pas admissible.

« Considérant que la clause qui interdit aux intéressés de réclamer une indemnité en cas de démolition, ne s'applique, dans l'intention des parties, qu'au cas de démolition et reconstruction pour cause de reculement, et qu'elle ne peut être étendue au cas, tout à fait imprévu par les contractants, de l'expropriation de l'immeuble pour cause d'utilité publique.

« Sur l'appel incident et sur les conclusions incidentes du Préfet de la Seine, adoptant les motifs des premiers juges ;

« Considérant que le jugement dont est appel a fait une juste appréciation de la réparation due aux intéressés pour le trouble apporté à leur jouissance, mais que la compensation entre cette indemnité et les loyers laissés à la charge des intimés, doit porter d'abord sur les six mois de loyer payés d'avance.

« Considérant que c'est par le fait de l'appel principal que les intimés ont été empêchés de quitter les lieux à l'époque fixée par les premiers juges (au 1er octobre 1860); qu'ils ne peuvent être passibles d'aucuns loyers à raison de la continuation d'une occupation par eux subie contre leur volonté.

« Infirme le jugement, en ce que les premiers juges n'ont pas admis la compensation pour les loyers payés d'avance.

« Émendant quant à ce, ordonne que les loyers dont B. et C. sont déclarés débiteurs se compenseront jusqu'à due concurrence, avec les six mois payés d'avance par chacun d'eux. — Le jugement au résidu et par les motifs y exprimés sortissant à effet, etc., etc. »

Le Préfet de la Seine s'étant pourvu en Cassation contre l'arrêt dont nous venons de donner le texte, cette Cour (Chambre des requêtes), dans son audience du 16 avril 1862, a rendu l'arrêt suivant :

La Cour,

« Sur le premier moyen, tiré de la fausse application de la loi du 3 mai 1841 et spécialement de l'art. 14 de cette loi ; — de la fausse application de l'art. 545 du Code Nap. et de la violation des art. 1184, 1738 et 1722 du même Code, en ce que l'arrêt attaqué aurait à tort déclaré acquis à des locataires, par le seul effet du jugement d'expropriation pour cause d'utilité publique, le droit à une indemnité d'éviction avant qu'aucun acte émané de l'expropriant les ait privés de leur possession, et quoique le Préfet de la Seine, agissant au nom et comme représentant de la ville de Paris, leur ait notifié qu'il respecterait leurs baux, et entendait les laisser jouir jusqu'à leur expiration.

« Attendu que le jugement qui prononce l'expropriation pour cause d'utilité publique a pour effet immédiat et nécessaire de résoudre tous les droits dont peut être grevé l'immeuble, et de le faire passer aux mains de l'expropriant; affranchi de toutes charges de nature à en entraver la disposition; que la loi du 3 mai 1841 le dit expressément des droits réels, dans son art. 18, qui porte que « les actions en « résolution ou revendication et toutes autres actions réelles « ne peuvent arrêter l'expropriation ni en empêcher l'effet, « et que le droit des réclamants sera transporté sur le prix, « l'immeuble en demeurant affranchi. »

« Que telle est également la conséquence de l'art. 17, etc.

« Attendu qu'il ne saurait en être autrement des droits des locataires qui survivraient au jugement d'expropriation, en paralyseraient l'effet, et feraient obstacle à l'exécution des travaux dont l'urgence et la nécessité, dans l'intérêt général, pourraient seuls justifier une aussi grave atteinte à la propriété; — que vainement on objecte que l'indemnité ne pouvant jamais être que la représentation d'un dommage éprouvé, le droit à l'indemnité ne s'ouvre pour le locataire que du jour où, troublé dans sa jouissance par l'expropriant, qui prétend l'expulser des lieux loués, il est réellement évincé du bénéfice de son bail; qu'une pareille doctrine est inconciliable avec l'art. 53 de la loi de 1841, qui suppose le droit à une indemnité acquis à toutes les parties intéressées, dès l'instant où est intervenu le jugement d'expropriation; qu'en effet la disposition de cet article est absolue, qu'elle ne comporte aucune distinction, et s'applique dans sa généralité aux locataires comme à tous les autres intéressés; —

qu'il est si peu dans la pensée de la loi de subordonner l'action du locataire à la dépossession effective et réelle que l'expropriant resterait libre d'ajourner indéfiniment, qu'elle l'autorise, comme tous les autres ayants droit, à prendre l'initiative et le règlement de son indemnité, lorsque six mois se sont écoulés depuis le jugement d'expropriation sans que l'expropriant ait rien fait pour en provoquer la fixation et se soit mis en mesure d'user de son droit.

« Attendu que, s'il était vrai que l'expropriation n'atteignît pas les baux en cours d'exécution, et que les locataires ne sont évincés, et n'ont par conséquent droit à une indemnité, que du jour où l'expropriant les expulse, celui-ci n'aurait aucun titre contre eux et devrait subir les baux jusqu'à leur expiration, la loi de 1841 n'admettant dans aucune de ses dispositions qu'il puisse de nouveau se pourvoir en justice pour obtenir un jugement qui les dépossède.

« Attendu qu'il est également inadmissible, qu'ainsi que le prétend le pourvoi, les baux ne soient immédiatement résolus, par l'effet du jugement d'expropriation, qu'à l'égard et dans l'intérêt de l'expropriant, et qu'ils continuent d'obliger les locataires jusqu'au moment où celui-ci juge à propos de les expulser; — que, pour accepter une pareille doctrine aussi contraire au droit commun, il faudrait la trouver consacrée par une disposition expresse et spéciale qui n'existe pas dans la loi; — qu'en l'absence de toute stipulation contraire, le bail, comme les contrats synallagmatiques, ne peut cesser d'être obligatoire pour l'une des parties sans cesser de l'être également pour l'autre; — qu'à dater de l'expropriation, le locataire serait, dans le système du pourvoi, à la merci de l'expropriant, ne conserverait plus qu'une possession précaire, désormais substituée à celle que son contrat lui assurait pour un temps déterminé, qu'il serait ainsi évincé de droit avant de l'être de fait, et que la loi n'a pas pu vouloir lui imposer, sans indemnité, une situation qui altérerait trop profondément son droit pour ne pas équivaloir à une expropriation. . . . .

. . . .

« Qu'ainsi c'est à bon droit que l'arrêt attaqué, sans avoir égard à cette déclaration de l'expropriant, de vouloir continuer les baux, a condamné la ville de Paris à payer aux sieurs B. et C. l'indemnité par eux réclamée.

« Sur le 2me moyen,

« Tiré de la violation des art. 1134, 1722, 1728 et 1759 du Code Nap., ledit moyen consistant à prétendre que l'arrêt aurait violé le contrat et les principes en matière de tacite reconduction, en n'allouant à la ville de Paris, pour prix de sa jouissance des lieux loués, que de fait les défendeurs éventuels ont consentie depuis le jugement d'expropriation, qu'une somme inférieure aux loyers originairement convenus.

« Attendu que les baux ayant été résolus de plein droit, leurs stipulations, quant à la fixation des loyers, avaient cessé d'être obligatoires. et que l'arrêt attaqué a pu refuser de les appliquer à la jouissance des sieurs B. et C. sans violer la loi du contrat ni l'art. 1134 du Code Nap.

« Attendu que les principes de la tacite reconduction ne sont pas plus applicables à l'espèce ; que si les sieurs B... et C... sont restés dans les lieux loués, depuis le jugement d'expropriation, ils y sont restés comme contraints et forcés et parce que la Ville leur contestait le droit d'en sortir ; que l'on ne saurait induire de cette possession le commun accord des parties, que la loi suppose, lorsquelle attache à la jouissance continuée par le locataire depuis l'expiration du bail, l'effet d'un renouvellement aux conditions originairement convenues.

« Attendu dès lors que la possession continuée par les sieurs B... et C... n'a été qu'un fait ne se rattachant à aucune convention, et dont les juges du fond avaient tout pouvoir pour en apprécier et régler les conséquences ; — que l'arrêt attaqué n'a pas pu dès lors violer aucune loi en fixant, ainsi qu'il l'a fait, l'indemnité due par la ville de Paris, et que cette fixation, basée sur les circonstances de la cause, échappe à toute censure, rejette, etc.

2me *Espèce.*

Le jugement d'expropriation pour cause d'utilité publique a pour conséquence de résoudre les baux faits au profit du locataire de l'immeuble exproprié.

Toutefois ces derniers ont le droit de rester dans ledit immeuble jusqu'au payement de l'indemnité qui leur est due, mais le propriétaire exproprié ne saurait les y contraindre ; — c'est contre l'expropriant, en pareil cas, que le propriétaire doit agir, s'il éprouve un préjudice résultant du locataire.

Le 16 juillet 1862 un décret impérial déclara d'utilité publique le prolongement de la rue Neuve-des-Mathurins. Parmi les immeubles qui doivent être compris dans cette expropriation se trouve une maison sise à Paris, rue d'Anjou-Saint-Honoré, 53, dans laquelle le sieur Ducharmel occupait un appartement.

A la fin du mois d'octobre 1862, M. le préfet de la Seine fit donner congé à ce locataire; mais lorsque le sieur Ducharmel se disposa à quitter son appartement, le propriétaire s'opposa à son déménagement, prétendant qu'il était vis-à-vis de lui toujours lié par son bail.

Dans ces circonstances, un référé fut introduit devant M. le président du Tribunal civil de la Seine qui rendit, le 30 décembre 1862, une ordonnance par laquelle il autorise M. Ducharmel à déménager, en se fondant principalement sur ce que le congé lui avait été donné par M. le préfet de la Seine.

Appel a été interjeté de cette décision.

Mais la Cour, sur les conclusions conformes de M. Oscar de Vallée, a rendu l'arrêt suivant :

La Cour

« Considérant qu'un décret du 16 juillet 1862 a déclaré d'utilité publique le prolongement de la rue Neuve-des-Mathurins, et qu'à la requête de la ville de Paris un jugement du 13 décembre dernier a prononcé l'expropriation de plusieurs maisons nécessaires à ce prolongement, notamment celle sise rue d'Anjou-Saint-Honoré, 53, appartenant aux appelants ;

« Considérant que le bail de Ducharmel, locataire dans la dite maison, étant résolu par le jugement d'expropriation, il n'est pas tenu de continuer l'exécution d'un contrat qu'il ne pouvait lui-même invoquer à son profit ; — qu'à la vérité il a le droit de rester jusqu'au payement de l'indemnité à lui due, payement qui doit être fait avant toute dépossession, mais que c'est là un droit qu'il peut abandonner en se confiant à la solvabilité de l'expropriant.

« Que, de son côté, le propriétaire a des droits personnels, mais ne peut intervenir entre le locataire et l'expropriant, que c'est contre celui-ci qu'il doit se pourvoir s'il éprouve quelque dommage ; qu'ainsi, dans la cause, les appelants ne peuvent s'opposer à la sortie des lieux loués réclamée par Ducharmel.

« Considérant que le juge de référé s'est fondé sur le congé donné par le préfet de la Seine à Ducharmel, pour autoriser celui-ci à quitter les lieux loués ; que cet acte, antérieur au jugement d'expropriation, ne constituait pas dans tous les cas un titre non contesté et exécutoire, mais que le jugement d'expropriation non attaqué, ayant force de chose jugée, était un des actes dont l'exécution peut être appréciée par le juge des référés aux termes de l'art. 806 du

Code de procédure civile. — Qu'ainsi le président du Tribunal civil était compétent, qu'il a d'ailleurs bien statué.

« Par ces motifs, etc., etc., confirme. »

(Cour impériale de Paris, 1re chambre, présidence de M. Devienne, 1er président. — Extrait du journal *Le Droit*, des 26 et 27 janvier 1863.)

3me *Espèce.*

CONSENTEMENT A L'EXPROPRIATION.

Le jugement qui donne acte à un propriétaire de son consentement à l'expropriation de son immeuble pour cause d'utilité publique, a pour effet de résoudre de plein droit, comme le ferait un jugement d'expropriation, les baux en cours d'exécution, et d'ouvrir par suite au profit des locataires le droit de poursuivre eux-mêmes la fixation des indemnités qui leur sont dues, nonobstant la déclaration faite par l'expropriant qu'il entend exécuter les baux.

ALLARD PESTEL contre LA VILLE DE PARIS.

Par jugement du 11 avril 1862, le Tribunal civil de la Seine avait, dans cette affaire, décidé que le jugement d'expropriation n'emporte pas la résolution de plein droit des baux passés par le propriétaire exproprié, et que si l'expropriant déclare aux locataires qu'il entend respecter leurs baux, ces locataires sont sans droit à réclamer une indemnité.

Ce jugement, si contraire à l'esprit de la loi et à la jurisprudence, se trouve suffisamment critiqué par l'arrêt suivant de la Cour impériale de Paris.

Sur l'appel des époux Allard Pestel.

Arrêt du 11 août 1862. Président M. Devienne.

« La Cour,

« Considérant qu'un jugement du 30 avril 1855 a donné acte à Sampayo et consorts de leur consentement à l'expropriation de la maison située rue Saint-Honoré, n° 148, et a renvoyé les parties devant le jury pour statuer sur les indemnités qui pouvaient être dues, soit au propriétaire, soit aux locataires ; — que le jugement a été publié, en conformité des art. 6 et 15 de la loi du 3 mai 1841, au *Journal général d'Affiches* du 12 mai 1859, et que les offres de 430,000 fr. acceptées par les propriétaires ont été, en vertu de l'art. 23, publiées de la même manière, le 29 juin 1859 ; — que, par acte extra-judiciaire du 17 mai 1859, en réponse à la sommation faite le 11 du même mois par le préfet de la Seine, Sampayo a notifié que la maison dont il s'agit était louée en totalité aux époux Allard Pestel ; que le 28 septembre 1860, les appelants ont fait sommation au préfet de la Seine de faire offre d'indemnité, et que le 11 octobre il a été répondu que la Ville entendait continuer l'exécution des baux ; sur quoi les appelants ont requis eux-mêmes la formation d'un jury désigné par la Cour qui a statué, le 3 août 1861, sur les indemnités.

« Considérant qu'en cet état la cause présente à juger les questions suivantes :

« En droit la ville de Paris est-elle fondée dans sa prétention d'imposer la continuation des baux passés par le précédent propriétaire ? — En fait, le bail a-t-il été volontairement continué d'accord entre les parties ?

« Considérant, en droit, que le jugement du 30 avril 1859, rendu dans les termes de l'art. 14 de la loi du 3 mai 1841, remplace le jugement d'expropriation ; qu'il a pour conséquence la résolution de tous les droits qui grèvent l'immeuble exproprié ; considérant que les contrats de bail ainsi résolus ne peuvent revivre que par le consentement des deux parties, et que la déclaration de l'expropriant qu'il entend continuer la location ne peut à elle seule, former un contrat et que l'espèce de règle de procédure invoquée par la ville de Paris, d'après laquelle le locataire serait tenu de mettre en demeure l'expropriant de s'expliquer sur la continuation du bail, ne repose sur aucune disposition légale ; — que cette règle ne peut même se tirer raisonnablement par induction des lois sur l'expropriation pour cause d'utilité publique, lesquelles se sont préoccupées seulement d'expropriation immédiate, et n'avaient évidemment pas prévu les dépossessions faites en vue d'un intérêt à venir et dans un but éloigné d'intérêt général.

« Considérant que comme dans le cas où, comme dans l'espèce, le propriétaire est d'accord sur la vente et sur le prix avec l'expropriant, celui-ci ne peut opter pour la transmission de la propriété entre un contrat de vente ordinaire ou une expropriation ; que chacun de ces modes a ses conséquences spéciales; que si la vente ordinaire est adoptée, elle transmet à la fois au nouveau propriétaire les droits et les charges du vendeur ; que les baux doivent alors être exécutés tant au profit du locataire qu'à celui du nouveau propriétaire ; mais quand au contraire l'expropriant a choisi un mode d'acquisition qui le dispense de tous les engagements de l'ancien possesseur, il ne peut recueillir l'avantage d'un contrat dont il n'a pas les charges, et exiger la continuation du contrat de louage qu'il a le pouvoir de ne point exécuter ; qu'un tel résultat serait directement contraire aux principes généraux du droit, et notamment à ceux qui régissent l'exécution des contrats synallagmatiques.

« Considérant que la ville de Paris articule vainement qu'il existe une analogie entre sa situation au procès et celle de l'acquéreur dans le cas prévu par l'art. 1746 du Code Nap. ; que cet article règle les conséquences d'une convention intervenue entre le bailleur et le preneur, convention à laquelle l'acquéreur succède comme à toutes les autres clauses et conditions du bail, soit activement pour les avantages, soit passivement pour les obligations ; tandis que dans la cause la Ville prétend être absolument déchargée de toutes les conditions du bail, et cependant en exige la rigoureuse et complète exécution, et ce en l'absence de toute convention et de toute disposition légale à cet égard.

« Considérant que la ville de Paris n'est pas plus fondée à exciper du défaut d'intérêt des appelants, le locataire laissé en jouissance n'éprouvant suivant elle aucun dommage ; — que, d'une part, celui qui a dans ses mains un contrat et qui le voit rompu et remis pour son exécution à la discrétion d'un tiers, éprouve un dommage dans son droit ; que, d'autre part, s'il était établi en principe que l'expropriant est maître absolu de l'exécution du contrat de bail et qu'il peut à son tour le maintenir ou l'abolir, rien ne pourrait l'empêcher de mettre à prix sa résolution, en sorte que le locataire exproprié, au lieu de recevoir une indemnité, pourrait être soumis à une contribution ; — Qu'une administration publique n'entrerait pas sans doute dans de telles voies, mais que souvent des Compagnies industrielles ou de simples particuliers sont cessionnaires du droit d'expropriation ; et que d'ailleurs les conséquences théoriques d'un principe le défendent où le combattent, indépendamment de l'application qu'elles peuvent recevoir ; — Que la situation protestative que veut se créer la ville de Paris est repoussée par la loi, précisément parce qu'elle met toutes les forces d'un côté et conduit inévitablement à l'abus d'un droit qui ne trouve pas en face de lui un contrepoids du droit d'autrui.

« Considérant qu'ainsi, en droit, le système présenté par la ville de Paris ne saurait être accueilli; que d'un autre côté, en fait, il résulte manifestement de tous les actes émanés d'Allard Pestel et de la veuve Chatain, qu'ils n'ont jamais adopté volontairement la continuation de leurs baux, ni renoncé au droit à indemnité qui découlait pour eux du jugement d'expropriation ; que leur réclamation à cet égard est même antérieure à la déclaration de la ville de Paris relativement à la continuation du bail. — Infirme, et statuant par jugement nouveau, déboute la ville de Paris de toutes ses demandes, fins et conclusions, etc., etc. »

(*Journal du Palais*, 1862, f° 1074).

3me *Espèce.*

CESSION AMIABLE. — RÉSOLUTION DES BAUX. — DÉCRET DÉCLARATIF D'UTILITÉ PUBLIQUE.

Cour impériale de Paris (1re Chambre), audience des 19, 24 et 29 juillet 1864.

Lorsqu'en exécution d'un décret d'utilité publique, la ville de Paris achète un immeuble par contrat amiable, publié et transcrit dans les formes de la loi du 3 mai 1841, cette acquisition a pour résultat de résoudre les baux, et les locataires ont droit à se pourvoir devant le jury pour faire régler leur indemnité d'éviction.

La jurisprudence est désormais établie sur l'effet résolutoire des jugements d'expropriation et des jugements de donner acte ; mais deux arrêts de la Cour impériale de Paris avaient déjà jugé qu'il n'en était pas de même en cas de cession amiable. La Cour, par l'arrêt qu'elle vient de rendre, pose ce même principe, dans tous les cas où la cession est faite en exécution d'un décret déclaratif d'utilité publique.

Me Leblond, avocat des appelants, expose ainsi les faits :

« Pour rendre plus facile l'examen des questions que doit « résoudre la Cour, je lui demande la permission de rap- « peler en quelques mots les principaux actes dont l'en- « semble compose la procédure d'expropriation.

« Lorsqu'un décret a déclaré l'utilité publique, l'autorité « administrative est chargée de faire l'application de ce

« décret ; elle détermine le périmètre de l'expropriation ; « après enquête elle rend un arrêt préfectoral que , dans la « pratique, on appelle un arrêt de cessibilité.

« Cet arrêté rendu , si le propriétaire dont l'immeuble « doit être démoli ne consent pas à l'expropriation, l'admi- « nistration demande à la justice de rendre contre lui un « jugement d'expropriation. Si le propriétaire consent à « l'expropriation, mais n'accepte pas le prix qui lui est « offert, la justicé, saisie par l'expropriant, rend un juge- « ment de donner acte qui renvoie devant le jury pour la « fixation de l'indemnité.

« La Cour a décidé déjà que l'expropriation entraînait « la résolution des baux , elle l'a décidé quand le proprié- « taire exproprié avait consenti à l'expropriation, quand il « n'y avait dissentiment que sur l'indemnité, et quand il y « avait eu un jugement de donner acte.

« Mais en doit-il être de même quand l'expropriant et « l'exproprié , étant d'accord sur l'expropriation et l'in- « demnité, il est survenu entre eux une convention amiable ? « En doit-il être ainsi surtout lorsque cette convention « amiable est intervenue avant que l'administration ait ren- « du l'arrêté de cessibilité ? Telles sont les questions dont « la Cour est aujourd'hui saisie. Le fait est bien simple.

« M. Gallois est propriétaire d'une maison rue Mouffe- « tard; cette maison est comprise dans les projets d'agran- « dissement de la rue Mouffetard ; elle doit tomber avant « l'année 1868. M. Gallois a été averti par le décret ; mais , « sans avoir recours à toutes les procédures que nous énu- « mérions, l'administration s'est adressée à M. Gallois et a « traité avec lui ; elle lui a acheté sa maison, et elle l'a achetée « en vertu du décret relatif à la rue Mouffetard et en exécu- « tion de la loi de 1841 sur l'expropriation pour cause d'u- « tilité publique.

« L'acte de vente passé entre l'administration et M. Gal-

« lois a été publié dans les Petites Affiches ; les locataires se « sont émus de cette publication, et comme leurs baux « n'expirent qu'en 1877, comme la maison sera certaine- « ment démolie avant l'expiration de leurs baux, ils ont « voulu que leur situation fût réglée ; ils allaient en consé- « quence provoquer la nomination d'un jury, lorsque M. le « préfet de la Seine a saisi la justice des questions que vous « êtes appelé à résoudre, etc. »

Sur ces questions a été rendu le jugement que voici :

LE TRIBUNAL,

« Attendu que si, par contrat reçu par Me Mocquart, notaire à Paris, le 21 janvier 1863, la ville de Paris a acheté de Gallois la maison sise rue Mouffetard, 277, dans laquelle Merat est locataire, cette acquisition n'implique nullement l'obligation d'évincer avec indemnité le locataire occupant ladite maison.

« Attendu que l'expropriation s'opère par le jugement d'expropriation qui la prononce ; que la loi n'attribue le même effet ni aux actes administratifs qui préparent l'expropriation pour la consommer ni à la convention amiable qui a pour objet de transférer la propriété d'un immeuble d'un particulier à la Ville en l'absence de toute décision de justice, et alors surtout que l'arrêté de cessibilité, prévu par l'art. 11 de la loi du 3 mai 1841, n'est pas intervenu ; que, s'il est vrai que les jugements d'expropriation ou de donner acte ont pour résultat d'affranchir l'immeuble exproprié des droits de bail résolu comme le droit de propriété lui-même, la Ville ne pourrait s'armer du contrat intervenu entre elle et Gallois pour couvrir les locataires, de même que ceux-ci ne peuvent trouver dans ladite convention un titre à une indemnité à laquelle l'expropriation seule peut donner droit, en compensation de l'éviction qu'elle leur impose.

« Attendu que les actes accomplis par la Ville postérieurement à l'acquisition toute volontaire de la maison précitée ne peuvent modifier le caractère et les effets légaux du contrat intervenu entre elle et Gallois en l'absence de tout arrêt de cessibilité.

« Attendu que, par son contrat, la Ville est obligée d'exécuter les baux contractés par son vendeur; que Merat n'est point troublé dans sa jouissance.

« Dit que Merat est sans droit à une indemnité, donne en tant que de besoin acte au préfet de la Seine *ès-noms* de ce qu'il entend laisser Merat jouir des localités qu'il occupe dans la maison rue Mouffetard, n° 277, conformément à son bail; dit qu'il n'y a lieu de réunir le jury demandé par Merat, condamne Merat aux dépens ».

Ce jugement qui ne contient que des affirmations, qui ne discute rien, qui ne prouve rien, avait été précédé d'une décision semblable rendue quelques semaines auparavant. Ici la pensée se dégageait d'une manière plus nette, plus claire, plus décidée ; il reposait sur le principe que l'expropriation, même à l'égard des tiers, ne peut résulter que d'une décision de justice (art. 1er de la loi.)

La théorie des premiers juges est donc celle-ci : les contrats n'ont aucun effet à l'égard des tiers, ils ne valent que pour ceux qui les ont signés ou ratifiés.

Seulement cela est vrai des jugements comme des contrats; il n' y a chose jugée qu'autant que le débat s'élève entre les mêmes personnes : la chose jugée ne vaut qu'à l'égard de ceux qui ont obtenu ou subi le jugement de condamnation.

Si, en matière d'expropriation, les jugements ont effet à l'égard des tiers, c'est qu'une loi spéciale, la loi de 1841, a, par ses art. 16, 17 et 18, déclaré que les jugements rendus produiraient de pareils effets.

Ce n'est donc rien que de dire : les contrats n'ont pas effet comme les jugements ; il faut ajouter : la loi de 1841 ne donne pas aux contrats les effets qu'elle attribue aux jugements.

Or, on ne peut dire cela, parce que la loi tient un langage absolument opposé ; veut-on s'en convaincre ? Qu'on lise les art. 56 et 58 de cette loi, elle place sur le même rang les contrats de vente et les jugements.

Cela est bien plus clair encore quand on lit l'art. 13, dernier paragraphe : « *à défaut de conventions amiables* »; art. 14, paragraphe dernier : « *dans le cas où les propriétaires expropriés consentiraient* » ; et enfin et surtout l'art. 19 ainsi conçu : « *les règles prises dans le paragraphe dernier de l'art.* 13 *et dans les art.* 16, 17 *et* 18 *sont applicables dans le cas de conventions amiables passées entre l'administration et les propriétaires.*

Il n'y a donc à faire aucune différence entre les jugements et les contrats amiables.

M. le préfet de la Seine le reconnaissait formellement, il y a quelques années, lorsque, sur la réclamation des locataires qui prétendaient ne pouvoir être expulsés, parce qu'il n'y avait eu ni jugement ni arrêté de cessibilité, il faisait insérer dans l'*Opinion Nationale* un *communiqué* dont les termes ne laissent pas de doute sur sa doctrine.

M. le Préfet reconnaît également que cette distinction n'est pas possible lorsque, dans les contrats qu'il signe avec le propriétaire de la rue Mouffetard, il vise le décret d'utilité publique et la loi d'expropriation.

L'avocat cite, en terminant, un arrêt de la Cour de Paris, mais qui, par suite du pourvoi des expropriés, a été cassé par la Cour suprême.

Me Paillard de Villeneuve, avocat de la ville de Paris, soutient la doctrine du jugement attaqué.

« La jurisprudence, dit l'avocat, après avoir longtemps prononcé en sens contraire, décide que le jugement d'expropriation et le jugement de donner acte rendu dans les termes de l'art. 14 de la loi du 3 mai 1841, ont pour résultat de résoudre de plein droit les baux consentis sur les immeubles expropriés, et que les locataires ont droit de réclamer devant le jury une indemnité d'éviction, alors même que l'expropriant déclare qu'il consent à exécuter les baux ; la question du procès est celle de savoir si le même effet résolutoire peut devenir des acquisitions amiables consenties en dehors des formalités établies par la loi du 3 mai 1841, alors que ces acquisitions ont pu être faites en vue de l'exécution de travaux d'utilité publique.

« Les principes appliqués par la jurisprudence aux jugements d'expropriation et aux jugements de donner acte, ne peuvent être invoqués quand la transmission de la propriété entre les mains de la ville de Paris résulte de conventions amiables intervenues en dehors des formalités administratives et judiciaires prescrites par la loi de 1841.

« En effet, aux termes de l'art. 1er de cette loi, l'expropriation ne peut s'opérer que par autorité de justice ; et, d'après l'art 14, l'expropriation ne peut être prononcée par le Tribunal qu'après l'examen des actes en vertu desquels elle est demandée, et la constatation de l'accomplissement des formalités exigées par la loi.

« Si, en ce qui concerne le jugement de donner acte, le dernier paragraphe de l'art. 16 dit qu'en cas de consentement de la cession, par le propriétaire, il n'est pas nécessaire de s'assurer de l'accomplissement des formalités prescrites par le titre 11, il n'en est pas moins indispensable qu'une décision de justice intervienne afin de consacrer le fait d'expropriation et de produire les conséquences légales qui dérivent du fait.

« Du moment où l'expropriation a pour résultat de résoudre *ipso facto* tous les droits appartenant à des tiers sur l'immeuble exproprié, il n'est pas possible que ces droits soient uniquement subordonnés au consentement qui peut intervenir entre l'expropriant et le propriétaire ; autrement ce serait priver les tiers de la garantie à laquelle ils ont droit, et permettre l'expropriation de leurs droits hors des cas où la loi l'a permis, et sans le contrôle de la justice, même en cas de jugement de donner acte ; s'il est dit dans le dernier paragraphe de l'art. 14 qu'il n'est pas besoin de s'assurer que les formalités prescrites par ce titre ont été remplies, le Tribunal n'en est pas moins appelé à exercer son contrôle sur les actes qui, aux termes de l'art. premier, sont la base essentielle de l'expropriation judiciaire à la convention des parties.

« S'il est dit, dans l'art. 19 de la loi du 3 mai 1841, que *les règles posées dans le 1er paragraphe de l'art.* 15 *et dans les art.* 16, 17 *et* 18 *sont applicables dans le cas de conventions amiables entre l'administration et les propriétaires*, il est incontestable que cet article a en vue les conventions amiables qui, aux termes de l'art. 13 et du dernier paragraphe de l'art. 14, ont reçu la consécration de la justice et sont homologués par jugement, car il n'était pas possible de déroger au principe fondamental qui veut que l'expropriation s'opère par autorité de justice.

« Peu importe que l'acte de vente consenti à la ville de Paris ait été publié et transcrit conformément aux dispositions de la loi du 3 mai 1841, et enregistré dans les termes de l'art. 56 de la même loi, l'accomplissement de ces formalités ne peut changer la nature de l'acte translatif de propriété, ni lui donner le caractère d'une décision de justice, et la vente n'en constitue pas moins un contrat purement volontaire de la part du vendeur et de la ville de Paris.

« Il est évident que si la ville de Paris prétendait évincer un locataire en vertu d'un contrat de vente amiable, celui-ci serait en droit de soutenir qu'il ne peut être touché par un acte auquel la justice n'est pas intervenue, et qu'il est nécessaire de faire rendre contre lui un jugement dans les formes voulues par la loi ; or, si l'effet résolutoire ne peut être invoqué pour l'expropriant, c'est une conséquence du principe de réciprocité sur lequel repose la jurisprudence en matière de résolution des baux, que cette résolution ne puisse être invoquée par le locataire.

« Dans l'espèce, il n'y a eu ni dépôt au plan parcellaire, ni arrêté de cessibilité, mais le décret du 30 juillet 1859 sur l'élargissement de la rue Mouffetard n'a pas encore été suivi de l'accomplissement des formalités du titre 11 de la loi du 3 mai 1841 ; que ces formalités sont indispensables pour préciser la situation des immeubles qui doivent être expropriés ; ainsi la destination de l'immeuble qui a fait l'objet de la vente amiable consentie à la ville de Paris est incertaine jusqu'au jour où le plan de l'expropriation aura été définitivement arrêté.

« La doctrine soutenue par la ville de Paris a été consacrée par deux arrêts récents de la Cour impériale de Paris (1re Chambre) des 11 août 1862 et 14 août 1863.

« Considérant, dit l'arrêt de 1862, que, dans le cas où le propriétaire est d'accord sur la vente et sur le prix de son immeuble avec l'expropriant, celui-ci peut opter pour la translation de la propriété entre un contrat de vente ordinaire et une expropriation ; que chacun de ces modes a ses conséquences spéciales ;

« Que si la vente ordinaire est adoptée, elle transmet à la fois au nouveau propriétaire les droits et les charges du vendeur ; que les baux doivent alors être exécutés tant au profit du locataire qu'à celui du nouveau propriétaire ; mais quand au contraire l'expropriant a choisi le mode d'acquisition qui le dispense de tous les engagements de l'ancien propriétaire, il ne peut recueillir les avantages d'un contrat dont il n'a pas les charges, s'il exige la continuation d'un contrat de louage qu'il a le pouvoir de ne pas exécuter. »

« Les mêmes principes ont été consacrés par un autre arrêt de la Cour impériale de Paris (1re Chambre), en date du 14 août, dans lequel on lit :

« Considérant qu'en dehors des formes et des conditions voulues par l'art. 14, toute cession faite par le propriétaire à l'administration, même en vue d'une expropriation pour cause d'utilité publique, n'est qu'une alinéation volontaire qui ne peut préjudicier au droit des tiers, et que ceux-ci ne pourraient être dépossédés sans l'accomplissement de toutes les conditions voulues pour l'expropriation du propriétaire lui-même.

« Qu'il suit de là que, s'ils ne sont pas liés par une pareille cession, ils ne peuvent pas davantage en exciper pour se placer sous le coup d'une prétendue expropriation pour cause d'utilité publique, et réclamer la formation d'un jury chargé de fixer l'indemnité qui leur serait due.

« Qu'avant comme après cette cession leurs droits sont les mêmes, et qu'il n'y a de changé que la personnne seule *du propriétaire* ».

« On prétend que l'administration, à une autre époque, a combattu la thèse qu'elle soutient aujourd'hui, et on invoque *un communiqué* qui aurait été adressé à l'*Opinion Nationale*. Je réponds d'abord que la question n'était pas tout à fait la même, mais est-ce que la jurisprudence elle-même n'a pas changé plus d'une fois ? est-ce que la Cour, qui déclare aujourd'hui que le jugement d'expropriation résout de plein droit les baux, n'avait pas, dans plusieurs arrêts antérieurs, jugé le contraire, et convient-il de reprocher à l'administration des variations qui sont la conséquence naturelle des fluctuations de la jurisprudence?

« En parlant de l'insistance avec laquelle la ville de Paris, on a dit récemment devant une autre juridiction, qu'il s'agissait pour la ville de Paris de favoriser ses spéculations ;

c'est bien mal comprendre la situation, et si l'on voulait examiner impartialement les faits, on verrait que, dans cette question, l'administration a surtout en vue la protection des intérêts de la propriété privée.

« Que se passe-t-il en effet?

« L'administration municipale est juge du moment où il convient d'exécuter sur tel ou tel point de la Capitale, les travaux prévus, soit par la loi de 1858, soit par les décrets d'utilité publique, rendus pour l'exécution du nouveau plan de Paris ; mais il peut arriver que parfois des intérêts privés aient à souffrir de l'ajournement apporté à l'exécution de certains travaux; ainsi quand une voie nouvelle est décrétée d'utilité publique d'un point à un autre, l'administration ne croit pas devoir attendre le moment de l'exécution pour en faire connaître le tracé, afin de ne pas laisser dans l'incertitude toutes les propriétés qui, dans l'ignorance de la direction précise qui sera donnée à la voie projetée, peuvent se croire menacées d'expropriation ; la publication des plans a pour résultat de faire cesser toutes les incertitudes, tous les doutes, et d'indiquer nettement quelles sont les propriétés placées, dans un temps plus ou moins rapproché, sous le coup de l'expropriation; le trouble est ainsi rendu moindre, car il est localisé et tous les intérêts savent à quoi s'en tenir.

« S'en suit-il que le plan, parce qu'il est publié, doive être mis immédiatement à exécution, et que les propriétaires placés ainsi en présence d'une expropriation plus ou moins prochaine, soient en droit d'exiger que leur situation soit liquidée et que leurs intérêts ne restent pas plus en souffrance? Evidemment non. La loi du 3 mai 1841 laisse l'administration seule juge de l'opportunité de ses travaux; elle admet que ni le décret d'utilité publique ni même la clôture des enquêtes ne peuvent être, pour l'administration, une mise en demeure d'exécuter et de régler les indemnités.

« Mais il arrive souvent que des propriétaires dont les baux sont sur le point d'expirer ou dont les projets de construction sont en train, s'adressent à l'administration municipale pour lui demander de faire cesser une situation qui compromet leurs intérêts. L'administration peut se borner à répondre qu'elle n'entend pas, quant à présent, exécuter la partie des travaux dans laquelle est comprise l'immeuble dont il s'agit, que son droit est d'attendre et qu'elle attendra ; mais lorsqu'elle se trouve en présence d'un intérêt sérieux et légitime, elle ne croit pas devoir se maintenir dans la rigueur du droit.

« Elle consent à prendre possession immédiatement, non pour démolir et exécuter des travaux dont le moment n'est pas venu, mais pour conserver l'immeuble à titre de propriété municipale jusqu'au jour où devront s'accomplir les travaux projetés. C'est à ce titre que l'administration se rend acquéreur, soit à l'amiable, soit à l'audience des criées, soit à la Chambre des notaires, lorsqu'est mise en vente une propriété comprise dans les travaux à exécuter ultérieurement et dont l'acquisition paraît devoir être faite dans des conditions convenables ; mais s'il est vrai qu'en agissant ainsi elle acquiert des immeubles qui doivent rester dans ses mains avec des produits amoindris, incertains, nuls peut être ; si aux sommes qu'elle consent à avancer pour le prix des immeubles il lui faut ajouter des indemnités considérables pour des évictions locatives, qu'elle ne provoque pas ; et si elle doit s'exposer ainsi à des dépenses prématurées en dehors des prévisions normales, quelle conséquence devra-t-elle en tirer ? C'est que, même en présence des situations les plus intéressantes, elle devra se maintenir dans les limites du droit strict et ne désintéresser la propriété que le jour où l'ordre successif des travaux déterminés par la loi, exigera le fait même de la démolition.

« Les intérêts de la propriété privée auront-ils beaucoup gagné à ce résultat ? »

M. Bondurant, substitut du procureur général, a conclu à l'infirmation.

La Cour a rendu l'arrêt suivant :

« Considérant, en fait, que le préfet de la Seine, ès-noms, a acheté la maison dans laquelle l'intimé est locataire, en exécution d'un décret du 30 juillet 1859, déclarant d'utilité publique l'élargissement de la rue Mouffetard; que le contrat d'acquisition amiable du 31 janvier 1863 a été passé et publié conformément aux dispositions de la loi du 3 mai 1841.

« Considérant, en droit, que l'art. 19 de cette loi assimile pour leurs effets les conventions passées dans ces conditions au jugement d'expropriation ; qu'en rapprochant cet article des art. 15 et 16 et suivant on reconnaît que cette assimilation est complète ; que le contrat d'acquisition confère à l'expropriant les mêmes droits que le jugement d'expropriation ou de donner acte, et par conséquent lui impose les mêmes obligations.

« Considérant qu'à cette interprétation de la loi de 1841 on oppose vainement l'art 1er qui dispose que l'expropriation pour cause d'utilité publique s'opère par autorité de justice ; que l'autorité de la justice est en effet indispensable, lorsque le propriétaire refuse son consentement à la cession, ou lorsqu'il n'y a pas accord sur le prix, mais que cette intervention est inutile lorsque le propriétaire donne son assentiment complet tant sur la cession que sur le prix ; que, dans ce cas, il n'y a pas expropriation dans le sens rigoureux du mot ; et que la loi, par l'article 19 ci-dessus rappelé, n'a plus qu'à régler les conséquences de ce consentement.

« Considérant que la difficulté soulevée dans la cause provient des décrets d'expropriation à long terme qui étaient connus lors de la promulgation de la loi de 1841 ; qu'à cette époque le législateur supposait évidemment que l'expropriation suivrait immédiatement, soit le jugement, soit la convention amiable.

« Que le législateur de 1841, statuant en termes généraux, a disposé pour tous les cas, et qu'on ne peut introduire, pour des expropriations à long terme, une exception qui n'est point entrée dans ses prévisions.

« Que c'est au jury seul qu'il appartient d'apprécier la différence entre un propriétaire évincé malgré lui et un locataire qui, pouvant continuer sa jouissance, demande à en être immédiatement dépossédé.

« Considérant que l'acquisition amiable faite par le préfet de la Seine, ès-noms, a eu pour effet de résilier le bail consenti à Merat par le précédent propriétaire, infirme, décharge l'appelant des dispositions et condamnations prononcées contre lui ; au principal déboute le préfet de la Seine, ès-noms, de sa demande, ordonne la restitution de l'amende.

« Condamne le préfet de la Seine aux dépens de première instance et d'appel. »

(Extrait de la *Gazette des Tribunaux* du 30 juillet 1864).

NOTA. Les diverses décisions que nous venons de rapporter forment une jurisprudence dont il serait difficile de contester l'autorité, et établissent d'une manière bien évidente les droits des locataires à demander la résolution de leurs baux avec indemnité, dès l'instant qu'un jugement d'expropriation pour cause d'utilité publique ou qu'un jugement de donner acte au cas de cession amiable ont été rendus.

Dès ce moment, tout locataire, avec ou sans bail, a le droit de se considérer comme évincé des lieux par lui occupés, et de réclamer l'indemnité d'éviction qui lui est due, comme aussi le remboursement des loyers qu'il aurait payés d'avance. Toutefois, il n'est pas obligé de quitter immédiatement les lieux qu'il occupe ; seulement il doit mettre l'expropriant en demeure, et lui déclarer qu'il est prêt à les lui livrer immédiatement après paiement de son indemnité, et si l'expropriant résiste ou garde le silence, il n'a qu'à l'appeler devant le Tribunal civil, qui statuera et lui rendra assurément justice.

Mais il arrive que la plupart des expropriés de cette catégorie ne veulent pas risquer un procès contre l'État, une ville ou un chemin de fer, et qu'ils subissent ainsi les exigences des expropriants; mais alors ils ne peuvent imputer qu'à eux-mêmes le préjudice qu'ils éprouvent.

BAIL. — RÉSOLUTION. — JOUISSANCE CONTINUÉE.

Le jugement d'expropriation prononcé contre le propriétaire entraîne *ipso jure* la résolution des baux constitués sur l'immeuble, et cette résolution peut être invoquée par le locataire comme par l'expropriant.

Dans cette situation une Cour impériale est-elle en droit de se fonder sur le fait que le locataire est resté en jouissance, même après l'expiration du délai de six mois, qui a suivi le règlement de l'indemnité, et qu'il a payé pendant deux ans ses loyers sans protestation ni réserve, pour déclarer que l'expropriant et l'exproprié ont mutuellement renoncé aux effets de ce jugement et ont formé un nouveau contrat pour la continuation du bail?

Peut-elle, en conséquence, repousser par ces motifs la demande d'un locataire qui demande la convocation d'un jury spécial et réclame une indemnité ?

Admission dans le sens de la négative au rapport de M. le conseiller Uberti, conformément aux conclusions de M. l'avocat-général Blanche, du pouvoir formé par le sieur Briquet contre un arrêt rendu le 11 août 1862, par la Cour impériale de Paris, au profit de M. le préfet de la Seine représentant l'Etat.

(Arrêt de la Cour de cassation du 11 novembre 1863. *Gazette des Tribunaux* du 12 novembre 1863).

L'arrêt que nous venons de rapporter faisait pressentir l'arrêt de la Cour de cassation, Ch. civile, dont nous allons donner le texte.

Cet arrêt, c'est la continuation de cette jurisprudence qui a décidé que le jugement d'expropriation, en donnant à l'expropriant le droit, sous la seule condition d'une indemnité préalable, de disposer des immeubles expropriés, a nécessairement pour effet de résilier les baux qui seraient un obstacle à l'exercice de ce droit, et d'ouvrir aux locataires une action en indemnité. Il importe peu que, jusqu'au paiement de cette indemnité, les locataires soient laissés en possession des lieux, car il ne s'en opère pas moins une véritable interversion dans le titre de leur possession, laquelle n'est plus qu'une occupation précaire et de fait conservée par eux comme garantie, et qui, dépouillée désormais du caractère d'une jouissance locative, ne peut devenir le principe de tacite reconduction.

Arrêt de la Cour de cassation, Ch. civ., audience du 20 juin 1864.

La Cour,

« Vu les art. 14, 21 et 53 de la loi du 3 mai 1841 et les art. 1331 et 1344 du Cod. Nap.

« Attendu qu'il est constaté, par l'arrêt attaqué, d'une part, que Briquet, locataire depuis le 16 septembre 1856 de la maison place Fontenoy, n° 15, exproprié à la requête du préfet de la Seine représentant l'Etat, a obtenu, le 9 février 1861, la désignation du jury appelé à statuer sur sa demande en indemnité. Et d'autre part, que le 30 avril suivant, le préfet de la Seine a demandé acte de son offre de maintenir Briquet jusqu'à l'expiration de son bail (1er octobre 1868) dans la paisible possession des lieux, et a conclu, par suite, qu'il n'y ait pas lieu à indemnité.

« Attendu que le même arrêt disant droit à ces conclusions, a rejeté la demande en indemnité de Briquet et ordonné la continuation du bail, se fondant sur cet unique motif, que Briquet, en restant dans les lieux après les six mois qui ont suivi le jugement d'expropriation, et particulièrement en les occupant ainsi paisiblement et sans trouble jusqu'au jour où il a présenté requête afin d'obtenir la désignation du jury, a renoncé à son droit, et que, par là même, il s'est formé entre lui et l'Etat un contrat nouveau pour la continuation du bail fait avec l'ancien propriétaire.

« Mais attendu que l'expropriation prononcée par justice, en donnant à l'expropriant le droit, sous la seule condition d'une indemnité préalable, de disposer des immeubles expropriés, a nécessairement pour effet de résilier les baux qui seraient un obstacle à l'exercice de ce droit et d'ouvrir aux locataires une action en indemnité.

« Que si, jusqu'au payement de cette indemnité, des locataires sont laissés en possession des lieux, il ne s'en opère pas moins une véritable interversion dans le titre de leur possession qui n'est plus qu'une occupation précaire et de fait conservée par eux comme garantie et qui, dépouillée désormais d'une véritable jouissance locative, ne peut plus, dans aucun cas, devenir entre les parties le principe d'une tacite reconduction, et moins encore d'une convention dont le but serait de faire revivre l'ancien bail et de contraindre le locataire à en continuer l'exécution.

« Que d'ailleurs une pareille convention constituerait non point un simple bail verbal, mais un bail ayant une durée déterminée, lequel, aux termes des art. 1341 et 1314 du cod. Nap. ne peut être prouvé que par écrit.

« D'où il suit qu'en jugeant le contraire et en déclarant que de l'occupation des lieux par Briquet, après l'expropriation et du payement des loyers sans réserve était résultée à sa charge une convention tacite par laquelle il avait renoncé à son indemnité d'éviction et s'était obligé à continuer jusqu'à son expiration l'exécution du bail fait avec l'ancien propriétaire, la Cour impériale de Paris a formellement violé les articles de la loi, invoqués par le pourvoi et ci-dessus visés.

« En conséquence et par ces motifs, casse, etc. »

Ainsi jugé au rapport de M. le conseiller Aylies et conformément aux conclusions de M. l'avocat-général de Raynal. (Extrait de la *Gazette des Tribunaux* du 29 juin 1864).

Un autre arrêt du 6 juillet 1864, au rapport de M. le conseiller Glandas, conformément aux conclusions de M. l'avocat général de Raynal, a résolu la même question que dessus dans le même sens.

MAGISTRAT DIRECTEUR DU JURY. — CONTESTATION SUR LE BAIL. — INDEMNITÉ HYPOTHÉTIQUE. — INDEMNITÉ ALTERNATIVE.

Le magistrat directeur du jury peut, sans excéder ses pouvoirs, soit poser des questions que les jurés ont à résoudre, soit appeler leur attention sur les faits qui résultent de la procédure et des débats ; spécialement dans le cas où l'existence d'un bail allégué par l'indemnitaire n'est pas reconnue par l'administration, le magistrat peut faire observer au jury que l'indemnité à fixer sera hypothétique, et pour le cas seulement où l'existence du bail serait ultérieurement reconnue. (Loi du 3 mai 1841, art. 37 et 38.)

Le jury peut fixer une indemnité hypothétique pour le cas où l'existence d'un bail dont se prévaut l'indemnitaire est déniée, aussi bien dans le cas où le bail est méconnu par l'administration que lorsqu'il est méconnu par le propriétaire. (Loi du 3 mai 1851, art. 29.)

Dans ce cas le jury ne peut prononcer lui-même sur l'existence du bail, il doit renvoyer la solution devant les tribunaux compétents. (Art. 5 de la même loi.)

Lorsque l'administration dénie l'existence du bail des lieux dont le prétendu locataire est en jouissance, il n'est pas nécessaire que le jury fixe deux indemnités alternatives, l'une pour la résiliation du bail prétendu, l'autre pour simple cessation de jouissance, au cas où le bail ne devrait être considéré que comme verbal, alors d'ailleurs que l'indemnitaire s'est borné à demander une indemnité pour la résiliation.

Bien que l'administration n'offre aucune indemnité pour la résiliation d'un bail qu'elle dénie ou qu'elle méconnaît, ce n'est pas une raison pour que le jury n'accorde pas une indemnité éventuelle pour le cas où le bail serait reconnu par les tribunaux compétents ; on ne peut pas dire que, dans ce cas, le jury contrevient à la règle qui lui défend d'accorder une indemnité inférieure aux offres de l'administration. (Loi du 3 mai 1841, art. 39.)

Solution conforme par l'arrêt de la Cour de cassation du 13 mars 1843, dont suit le texte :

LA COUR,

« Sur le premier moyen :

« Attendu que, devant les jurys spéciaux d'expropriation pour cause d'ntilité publique, le magistrat directeur est chargé de diriger les débats.

« Attendu que si la loi ne lui impose point l'obligation de poser les questions que les jurés ont à résoudre, elle ne lui interdit pas non plus la faculté de les poser ni le droit d'appeller l'attention du jury sur les faits et circonstances indiqués par la procédure et les débats.

« Attendu, dans l'espèce, que le magistrat directeur, en faisant observer au jury que l'Etat n'avait point fait d'offres, en indiquant le motif de ce silence et en avertissant le jury que l'indemnité à fixer ne serait qu'hypothétique, n'a ni excédé ses pouvoirs ni enchaîné la décision du jury, lequel demeurait le maître d'avoir à ces observations tel égard que de raison ; d'où il suit qu'il n'y a eu aucune violation des art. 37 et 39 de la loi du 3 mai 1841, ni d'aucune loi.

« Sur le 2me moyen :

« Attendu que le demandeur en cassation s'est présenté

comme locataire des biens expropriés et a réclamé deux chefs d'indemnité, l'une pour les récoltes pendantes, l'autre pour cessation de jouissance de son bail.

« Attendu que, sur le premier chef, les parties se sont réglées à l'amiable, et que les offres de l'administration ont été acceptées par Labbé.

« Attendu que, sur le 2me chef, le jury a fixé une indemnité distincte et définitive ; — qu'en déclarant éventuelle cette indemnité par le motif que l'administration déniait la qualité de locataire alléguée par le demandeur, en réservant les droits de l'État sur le fond du litige et en n'attribuant l'indemnité au demandeur que dans l'hypothèse que la qualité par lui alléguée serait reconnue par les tribunaux ordinaires, déja saisis de la contestation, le jury s'est exactement renfermé dans la sphère de ses pouvoirs et n'a violé ni l'art. 39 de la loi du 3 mai 1841 ni aucune loi.

« Sur le 3me moyen :

« Attendu que si l'art. 48 de la loi du 3 mai 1841 rend le jury juge de la sincérité des titres et de l'effet des actes, c'est seulement lorsqu'ils seraient de nature à modifier l'évaluation de l'indemnité, et non lorsque le litige sur les titres et actes porte sur le fond même du droit et sur la qualité des réclamants.

« Attendu que la contestation de l'administration n'a point porté sur l'évaluation et la quotité de l'indemnité, mais sur l'existence même du bail qu'elle a complétement dénié, d'où il suit que l'appréciation des titres et actes invoqués par le demandeur pour établir la qualité de locataire constituait un litige sur le fond du droit duquel le jury n'était pas juge.

« Sur le 4me moyen :

« Attendu que l'administration contestait au locataire exproprié le droit à une indemnité quelconque pour bail et niait l'existence du bail attaqué ; que le jury, sans s'arrêter à la contestation dont il a réservé le jugement à qui de droit, a fixé éventuellement l'indemnité comme si elle était due; — que le magistrat directeur a ordonné que la somme fixée par le jury serait déposée à la Caisse des consignations, à la conservation des droits de qui il appartiendra, qu'ainsi toutes les dispositions de l'art. 49 ont été ponctuellement exécutées.

« Attendu que le demandeur n'a pris aucune conclusion devant le jury pour la fixation de deux indemnités alternatives, l'une pour la résiliation du bail écrit, l'autre purement subsidiaire pour la resiliation d'un simple bail verbal, et que cette distinction a été invoquée pour la première fois devant la Cour, et qu'ainsi le moyen nouveau de ce que le jury n'a point procédé conformément à cette distinction est inadmissible.

« Sur le 4me moyen :

« Attendu que l'administration déniait au demandeur la qualité de locataire, qu'elle se montrait conséquente à cette dénégation en ne faisant aucune offre.

« Attendu que le 5me paragraphe de l'art. 37 de la loi du 3 mai 1841 n'est nullement applicable au cas où l'administration prétend ne devoir aucune indemnité, et que dans les circonstances ce paragraphe n'a pas été violé.

« Sur le 6me moyen :

« Attendu que le règlement des dépens fixé par l'art. 40 de la loi du 3 mai 1841 est l'application du principe de droit commun, en vertu duquel les dépens sont à la charge de celui qui succombe ;

« Attendu que, dans l'espèce, la question de savoir laquelle des deux parties avait contesté mal à propos dépendait essentiellement du jugement à intervenir sur le fond en litige.

« Attendu que le magistrat directeur, en réservant les dépens et en disant qu'il y devra être statué en même temps que sur le fond du droit, loin d'avoir violé l'article précité et les principes de la matière, en a fait au contraire la plus juste application, rejette, etc., etc. »

BAUX RENOUVELÉS POSTÉRIEUREMENT AU DÉCRET DÉCLARATIF D'UTILITÉ PUBLIQUE.

Le décret de déclaration publique n'enlève point au propriétaire des immeubles à exproprier le droit de louer ces immeubles.

Mais le renouvellement de bail postérieur à ce décret cesse d'être opposable à l'expropriant, lorsqu'il est établi que le locataire ne l'a demandé qu'en vue de se faire allouer une indemnité plus ou moins considérable par le jury d'expropriation. (1re *Espéce.*)

Ou que le locataire a eu connaissance de cette clause et stipulé la prolongation ou jouissance à tout événement et sans compter sur les effets de cette convention. (2e *Espèce*).

1re *Espèce.*

LODÉ contre LA VILLE DE PARIS.

Un décret du 19 septembre 1864 a déclaré d'utilité publique l'ouverture du boulevard Sébastopol à Paris, et le 25 mars 1865, le *Moniteur* a publié un mémoire présenté, le 21 février, à la Commission municipale par le préfet de la Seine, portant que l'on exécuterait successivement les différentes parties du boulevard qu'il désignerait par l'indication de leurs limites.

Dans le périmètre du boulevard, se trouvait une maison louée en 1843 au sieur Lodé par les époux Dupuy, pour une durée de quatorze années, devant expirer le 1er avril 1857.

Par acte authentique des 23 et 26 juin 1856, le bail du sieur Lodé fut renouvelé pour trois, six ou neuf années, à partir du jour où il devait prendre fin.

Le 6 novembre 1856, un jugement du Tribunal de la Seine prononça l'expropriation des immeubles désignés au mémoire du 21 février, notamment celle de la maison louée au sieur Lodé. Devant le jury d'expropriation, ce dernier produisit ses deux baux dont le second portait notamment, qu'en cas d'expropriation le preneur ne pourrait exercer aucune action contre les bailleurs, le preneur se réservant son action directe contre la ville de Paris, l'État ou la Compagnie qui ferait l'expropriation : mais la ville de Paris, représentée par le préfet de la Seine, ayant saisi le Tribunal civil d'une demande en nullité de ce second bail, comme postérieur au décret de déclaration d'utilité publique, le jury fixa une indemnité éventuelle de 10,000 fr. pour privation des droits résultant du bail de 1843, et une indemnité aussi éventuelle de 16,000 fr. pour privation des droits résultant du bail de 1855.

Le 19 mai 1857, jugement du Tribunal civil de la Seine qui repousse la demande du préfet dans les termes suivants :

« Attendu que, par acte passé devant Me Aubry et son collègue, les 23 et 26 juin 1856, etc., etc.

« Attendu qu'il résulte de l'ordonnance du magistrat directeur du jury, que la ville de Paris n'a pas mis en doute la sincérité du bail susénoncé, et qu'elle se borne à soutenir que ce bail ne saurait lui être valablement opposé, puisqu'il est d'une date postérieure au décret qui a déclaré l'utilité publique.

« Attendu que le décret n'a pu avoir d'autre effet que d'autoriser la Ville à poursuivre judiciairement l'expropriation pour cause d'utilité publique, etc., etc.; — mais que les propriétaires des immeubles ne restent pas moins en possession de l'intégralité de leurs droits jusqu'au jour où le jugement d'expropriation a été rendu par le Tribunal civil; — que décider le contraire, ce serait porter une grave atteinte au principe de l'inviolabilité du droit de propriété, et frapper d'une séquestration complète et indéfinie des immeubles situés dans la direction des rues dont l'ouverture est décrétée, etc., etc.

« Attendu, en fait, que le jugement qui a prononcé l'expropriation de la maison rue Bourg-l'Abbé, n° 50, est du 6 novembre 1856, et qu'avant cette époque les époux Dupuy ont pu valablement contracter avec Lodé, etc., etc. »

Appel de la part du préfet de la Seine, et le 13 juillet 1858 arrêt infirmatif de la Cour impériale de Paris, ainsi motivé :

« Considérant que l'expropriation prochaine des maisons dont la destruction était nécessaire à l'ouverture du boulevard Sébastopol a été connue par la publication du décret du 29 septembre 1854 ; que les zones des travaux ont été indiqués et les travaux immédiatement commencés.

« Considérant que le bail dont Lodé était en possession à cette époque expirait seulement en 1857: — qu'en cet état des documents du procès, et spécialement de la clause insérée dans le bail de renouvellement consenti à Lodé par acte notarié, pour le cas d'expropriation, il résulte que le nouveau bail a été demandé et obtenu non dans la vue d'une prolongation désormais impossible de jouissance des lieux, mais pour s'assurer le bénéfice d'une indemnité plus considérable à obtenir du jury, etc., infirme, etc. »

Pourvoi en cassation par le sieur Lodé, mais rejet par la Cour pour les motifs suivants :

« Attendu que l'arrêt attaqué ne décide pas en droit que le renouvellement de bail consenti à Lodé par acte authentique des 23 et 26 juin 1856, ne pouvait être opposé à la ville de Paris, parce qu'il était postérieur au décret qui avait déclaré d'utilité publique l'ouverture du boulevard Sébastopol, dans le périmètre duquel se trouvait la maison occupée par Lodé, en partie, à titre de locataire.

« Attendu que, sans se préoccuper des droits des propriétaires, de vendre ou céder leurs immeubles à partir de la publication des décrets prescrivant l'utilité publique, par le Tribunal civil, — l'arrêt se borne à examiner les circonstances particulières de la cause et qu'il déclare que, dans l'état du procès, il résulte des documents produits et d'une clause spéciale de l'acte de renouvellement de bail, que Lodé n'a demandé et obtenu la prorogation de la jouissance de sa location que pour s'assurer le bénéfice d'une indemnité plus considérable à se faire allouer par le jury ; — Que cette appréciation de fait rentrait dans le pouvoir souverain des juges du fond et ne peut, dans aucun cas, tomber sous les censures de la Cour de cassation. Rejette, etc.

(Arrêt du 15 février 1860.

2me *Espèce.*

ROUSSELET contre LA VILLE DE PARIS.

Parmi les maisons dont la cession a été indiquée comme nécessaire pour l'ouverture du boulevard Sébastopol, déclarée d'utilité publique par décret du 7 septembre 1854, se trouvait un immeuble dans lequel le sieur Rousselet exploitait, lors de ce décret, l'industrie de commissionnaire de roulage, en vertu d'un bail devant prendre fin au 1er juillet 1855.

Le 16 avril 1855, le bail fut renouvelé pour six ans. L'expropriation de la maison dont s'agit ayant été prononcée par jugement du 29 avril 1857, le sieur Rousselet obtint une indemnité considérable pour le fait de sa dépossession, bien que le premier bail, au jour du jugement d'expropriation, n'eût que deux mois de durée ; et en outre une indemnité éventuelle de 66,500 fr., mais seulement pour le cas où il serait jugé que le bail du 17 avril 1855 serait opposable à la ville de Paris.

Le 15 décembre 1857, jugement du Tribunal civil de la

Seine qui, sur la demande portée devant le Tribunal par le préfet de la Seine, décide que le bail doit produire son effet contre la Ville.

Appel par le préfet de la Seine.

Arrêt de la Cour impériale de Paris qui infirme en ces termes :

« Considérant que, devant le magistrat directeur du jury, M. le préfet de la Seine a demandé et obtenu des réserves pour attaquer le bail connu, passé après le décret déclaratif d'utilité publique du boulevard Sébastopol. — Que la généralité de ces termes, comprend tous les moyens résultant, contre l'acte, de la date à laquelle il avait été consenti.

« Considérant que la loi de 1841 n'attribue au jury que l'évaluation du dommage, et que c'est uniquement en ce qui touche à cette évaluation que la valeur et la sincérité des actes lui sont déférés, mais qu'il en est autrement, non quand il s'agit de la quotité de l'indemnité, mais du droit à se la faire payer; — Que, dans la cause, le jury a réglé éventuellement l'indemnité, et que c'est le droit à la percevoir qui, conformément à l'art. 49 de la loi, est en ce moment soumis à la décision de la justice ordinaire.

« Considérant que de la position personnelle de l'intimé et de l'importance même de son industrie, il résulte qu'il n'a pu ignorer, au moment où il souscrivait le bail du 17 avril 1855, l'expropriation dont étaient menacés les terrains et bâtiments loués; que, dans cette position, ou il aurait stipulé en vue d'obtenir une indemnité plus considérable, ou il l'aurait fait à *tout événement*, et dans le but de rester en jouissance quelque temps de plus, si, par suite d'événements imprévus, l'expropriation était retardée ; que, dans les deux cas, il ne peut réclamer des dommages-intérêts pour la privation d'une prolongation de jouissance sur laquelle il n'a pas compté au moment où il la portait dans ses conventions avec le propriétaire.

« Considérant que l'intimé a déjà reçu une indemnité considérable pour le fait de sa dépossession ; qu'il serait injuste d'en ajouter encore une nouvelle pour la privation d'une prolongation de bail stipulée en présence du décret et des publications qui annonçaient l'expropriation, et de mettre ainsi à la charge de la Ville l'indemnité pour un prétendu dommage, infirme, etc., etc.

Pourvoi en cassation de la part du sieur Rousselet.

Arrêt du 14 mars 1866.

La Cour, sur le moyen unique du pourvoi.

« Attendu que, pour rejeter le droit à l'indemnité litigieuse, l'arrêt attaqué ne se fonde pas sur le principe erroné qu'à dater de la publication du décret d'expropriation pour cause d'utilité publique, la propriété est frappée d'un interdit qui enlève au propriétaire le droit d'en disposer librement, et aux tiers le droit de contracter librement avec lui.

« Mais attendu que, par une appréciation souveraine des faits de la cause, il déclare que Rousselet s'est exposé volontairement et en connaissance de cause aux dommages dont il demande la réparation ; qu'il avait stipulé la prolongation de jouissance à *tout événement*, et que lui-même ne comptait pas sur cette convention; qu'en tirant des faits ainsi constatés la conséquence que la demande de Rousselet devait être rejetée, la Cour impériale de Paris n'a violé aucune loi, rejette, etc.

(V. *Sirey*, 1860, 1er v. f° 818.)

Nota. Par le fait, les deux restrictions apportées par la Cour suprême au principe qu'elle consacre, quant au droit du propriétaire de louer son immeuble malgré le décret de déclaration d'utilité publique, ne ruinent-elles pas ce principe dans le plus grand nombre de cas? Car qui voudra, en présence de ces restrictions, souscrire, dans l'intervalle de ce décret au jugement d'expropriation, un bail dont la dépossession ne donnera lieu à aucune indemnité? de telle sorte que le propriétaire pourra se trouver privé des loyers de son immeuble pendant un temps indéterminé, et qu'il ne lui sera rien alloué pour cette privation de jouissance, parce que, s'il réclamait une indemnité pour cette privation de jouissance, il lui serait répondu avec raison : « Le décret déclaratif d'utilité publique ne vous « enlève pas le droit de disposer de votre immeuble. »

LOCATAIRE. — CLAUSE DE NON INDEMNITÉ DANS LES BAUX.

Au cas d'expropriation pour cause d'utilité publique d'un immeuble loué, l'expropriant ne peut, pour se dispenser de payer une indemnité au locataire, se prévaloir d'une clause du bail qui, prévoyant cette expropriation, stipule que le bail dans ce cas expirerait de plein droit sans que le preneur pût exiger aucune indemnité du bailleur ; l'expropriant n'est pas l'ayant cause du propriétaire.

ARRÊT.

LA COUR,

« Attendu qu'aux termes des art. 29 et 39 de la loi du 3 mai 1841, le locataire d'une maison expropriée pour cause d'utilité publique a droit, aussi bien que le propriétaire, à une juste indemnité du tort que lui fait éprouver l'expropriation.

« Que le payement de cette indemnité est une condition nécessaire et absolue de la dépossession de celui à qui le propriétaire a transmis, pour un certain laps de temps, la jouissance de ses droits.

« Attendu, en fait, que la demande par le propriétaire d'une indemnité de 39,900 francs a été acceptée par la Ville; que le jury d'expropriation a réduit à 2,000 francs celle de 6,000 demandée par le locataire; que la ville d'Ingouville refuse de payer cette indemnité de 2,000 francs à Ogé, parce que celui-ci, suivant elle, aurait renoncé dans son bail à toute demande en indemnité aucas d'expropriation.

« Attendu qu'une renonciation à un droit si formel consacré par la loi ne se présume pas.

« Attendu que de la clause invoquée par la Ville il résulte qu'en effet le cas d'expropriation a été prévu entre le locataire et le propriétaire, et s'il a été convenu entre eux que le bail, dans ce cas, serait considéré comme devant expirer de plein droit, et n'aurait rien à prétendre sur l'indemnité allouée au propriétaire, il est évident que cette clause n'avait d'autre but que de garantir le propriétaire de tous recours du locataire contre lui, mais qu'elle ne peut valoir contre le locataire de renonciation à un droit d'indemnité au profit d'un expropriant futur, tiers étranger aux conventions des parties. — Que des termes sainement entendus de cette clause et de l'exécution en fait qui lui a été donnée par les parties, notamment par la signification faite par les frères Ledou à Ogé, aux termes de laquelle ceux-ci avertissaient leur locataire qu'il eût à réclamer, s'il le jugeait convenable, l'indemnité à laquelle il croirait avoir droit, il résulte que l'intention des parties n'était pas, en donnant un surcroît de garantie au propriétaire, de priver le locataire des droits que lui assurait contre le tiers expropriant l'expropriation dont on prévoyait l'événement dans le contrat; que l'expropriant ne peut devenir l'ayant cause de l'exproprié qu'autant qu'il est investi du droit complet de propriété, par l'accomplissement des conditions qui sont de l'essence de l'expropriation pour cause d'utilité publique; — que le payement de 39,900 francs fait au propriétaire ne peut dispenser la Ville du payement de 2,000 francs à faire au locataire, parce que les deux indemnités sont l'une et l'autre une prescription de la loi, et que leur concours est indispensable;

« Qu'admettre la Ville à faire valoir contre le locataire les conventions stipulées par le propriétaire dans son singulier profit, ce serait lui supposer prématurément un droit de propriété qu'elle ne peut tenir de la loi, qu'après avoir préalablement indemnisé le propriétaire.

« Réformant, déclare Ogé propriétaire de l'indemnité de 2,000 francs consignée le 6 mai 1844, l'autorisant à la recevoir directement des mains du préposé à la Caisse des dépôts et consignations, lequel sera tenu d'en faire le versement sur le vû de la signification du présent arrêt, etc., etc.

(Cour royale de Rouen, 12 février 1847. — V. *Sirey*, 1848, 2e se, fo 591.)

Autre Espèce.

Le locataire dont le bail stipule qu'en cas de vente ou d'échange de tout ou partie de la propriété le bail sera résilié, sans que, par cette résiliation, le bailleur puisse être tenu à d'autre indemnité que celle qui est déterminée par le même bail, ne peut, à cause d'expropriation pour cause d'utilité publique, réclamer de l'expropriant une indemnité à fixer par le jury; il n'a droit qu'à l'indemnité stipulée dans le bail.

Il en est ainsi, alors même qu'aux termes du bail un congé devant être donné par le bailleur, aurait été donné par l'expropriant lui-même avant l'expropriation, si d'ailleurs il a été executé par le locataire.

(Cour de cassation, 13 mars 1814. — *Journal du Palais*, fo 854.)

CHAPITRE V.

Expropriation partielle requise pour la totalité. — Indemnité hypothétique. — Offres tardives.

1re *Espèce.*

Lorsque le propriétaire d'une maison expropriée en partie conclut à ce que la totalité de la maison soit acquise, si cette demande est combattue par l'expropriant, le jury doit, à peine de nullité, fixer deux indemnités alternatives : l'une pour le cas d'expropriation partielle, l'autre pour le cas d'acquisition totale.

Arrêt de la Cour de cassation du 15 mai 1843.

CORNEILLE contre BERNEX-PHILIPON.

LA COUR, — sur le 4me moyen :

« Vu l'art. 50 de la loi du 3 mai 1841 ;

« Attendu que le demandeur en cassation avait fait connaître, dans les délais et les formes voulus, l'intention où il était de faire acquérir sa maison entière, et que cette proposition n'avait pas été agréée : qu'il y avait donc litige sur le fond du droit, et qu'aux termes de l'art. 39 de ladite loi, le jury devait régler l'indemnité indépendamment de ce litige, et rendre une déclaration alternative qui s'appliquât d'une manière certaine au cas d'une acquisition entière et à celui d'une expropriation partielle.

« Attendu néanmoins que la déclaration du jury de Marseille est tellement ambiguë et incertaine, que le défendeur prétend que l'indemnité prononcée s'applique non à la partie de maison comprise dans le jugement d'expropriation, mais à la totalité de cette maison même, tandis que l'ordonnance du magistrat directeur du jury, tout en déclarant la décision exécutoire, ne contient que l'envoi en possession de la partie de maison et de propriété rurale de la contenance de 52 mètres carrés, dont l'expropriation a été prononcée par jugement du Tribunal civil de Marseille du 11 août 1841; qu'il y a donc contrariété entre ces deux actes, et incertitude sur l'objet véritable de l'indemnité.

« Par ces motifs, et sans qu'il soit besoin de statuer sur les autres moyens, casse la décision du jury spécial de Marseille et l'ordonnance du magistrat directeur du 31 octobre 1842. »

(V. *Sirey*, 1843. — V. 1er, f° 622.)

2me *Espèce.*

EXPROPRIATION PARTIELLE. — LIBÉRATION DE CHARGES GREVANT LA PROPRIÉTÉ EXPROPRIÉE.

Lorsque le propriétaire d'un immeuble dont partie seulement était soumise à l'expropriation pour cause d'utilité publique, usant de la faculté que lui accordait la loi, a contraint l'État ou l'administration d'acheter la totalité de l'immeuble, cette acquisition, pour ce qui excède la portion dont l'expropriation était nécessaire, n'est pas protégée par les règles relatives à la libération des charges grevant les biens expropriés; ainsi elle n'emporte pas l'extinction des servitudes existant au profit des tiers sur la portion de l'immeuble non nécessaire aux travaux publics: les servitudes continuent à exister. (Loi du 3 mai 1851, art. 17 et 50.)

Ainsi décidé par le Tribunal civil de la Seine, arrêt confirmatif de la Cour royale de Paris du 18 mai 1846, et arrêt de la Cour de cassation du 14 juillet 1847.

(V. *Sirey*, 1846, v. 2, f° 490, et 1847, v. 1, f° 593).

3me *Espèce.*

La réquisition d'acquisition totale d'un immeuble partiellement exproprié peut être adressée non au magistrat directeur lui-même, mais à la partie qui poursuit l'expropriation, à l'effet d'être mise ensuite sous les yeux du jury par le magistrat directeur. (Loi du 3 mai 1841, art. 50.)

Celui qui est partiellement exproprié et qui veut requérir l'expropriation intégrale de son terrain, doit, à peine de déchéance, signifier sa déclaration dans la quinzaine du jour de la notification des offres ; mais les offres ne sont réputées signifiées que du jour où l'exploit a été remis à la partie ou à son mandataire, ledit jour constaté par les énonciations de l'original, encore bien que cet original porterait en tête une date antérieure.

Au cas où il y a contestation sur le point de savoir si l'exproprié est recevable à demander l'acquisition totale d'un terrain exproprié, le jury doit fixer deux indemnités alternatives : l'une pour acquisition totale, l'autre pour acquisition partielle. (Loi du 3 mai 1841, art. 39.)

Ainsi résolu par arrêt de la Cour de cassation du 28 août 1854.

(V. *Sirey*, 1851, v. 2,.

4me *Espèce.*

RESTITUTION DE LOYERS.

Au cas d'expropriation pour cause d'utilité publique de partie d'une maison, si le propriétaire requiert l'acquisition intégrale de l'immeuble, il doit restituer à l'administration les loyers qu'il a reçus par anticipation des locataires dont les baux ne sont pas atteints par l'expropriation, et cela alors même que les baux constatant le paiement par anticipation étaient connus de l'administration et ont été mis sous les yeux du jury d'expropriation.

Un jugement du Tribunal civil de la Seine du 14 janvier 1857 avait résolu cette question en sens contraire à la solution ci-dessus indiquée. — Appel par la ville de Paris, et le 25 juin 1858, arrêt de la Cour impériale de Paris qui, rendu après partage, infirme en ces termes :

LA COUR,

« Considérant qu'en droit commun le vendeur d'un immeuble qui a reçu des loyers payés d'avance en doit faire la restitution à l'acheteur, puisque autrement il se trouverait retenir à la fois le prix de la chose vendue dont il est dépossédé et les fruits produits par cette chose postérieurement à sa dépossession.

« Considérant que nul n'étant présumé avoir renoncé au droit qui lui appartient, l'acquéreur, à défaut de conventions contraires, est fondé à réclamer de son vendeur les loyers reçus à l'avance par celui-ci, alors même qu'avant de traiter, il aurait pris ou pu prendre communication du bail faisant mention de ces loyers payés d'avance.

« Considérant que la ville de Paris, en devenant propriétaire d'un immeuble exproprié pour cause d'utilité publique, a les mêmes droits qu'un acquéreur ; que ces mêmes droits lui appartiennent alors surtout qu'obligée, dans les termes de l'art. 50 de la loi du 3 mai 1841, d'acquérir la totalité de l'immeuble qu'elle eût préféré n'exproprier qu'en partie, la Ville a déclaré vouloir exécuter les baux existant sur la partie qu'elle a été forcée d'acquérir.

« Considérant que vainement, dans l'espèce, on opposerait à la demande de la Ville : d'une part, que le jury, en fixant l'indemnité due à Duboys, propriétaire exproprié, avait sous les yeux le bail fait par celui-ci à Marchand, et qu'il avait rendu une décision souveraine contre laquelle la Ville ne peut revenir par la voie d'une répétition de loyers ; d'autre part, que la Ville, en ne faisant aucune réserve devant le jury concernant les loyers payés d'avance, avait renoncé à rien reclamer du propriétaire exproprié qui pût diminuer pour celui-ci le chiffre de l'indemnité; qu'elle avait enfin renouvelé cette renonciation le 15 janvier 1856, en payant intégralement et sans réserve l'indemnité fixée par le jury.

« Considérant, en effet, relativement au jury, que si le bail a été mis sous ses yeux, rien n'indique dans la procédure que le fait des loyers payés d'avance soit entré pour quoi que ce soit dans son appréciation ; qu'on doit, dès lors, présumer que l'indemnité a été arbitrée uniquement sur la valeur capitale et foncière de l'immeuble exproprié, le droit des parties demeurant en entier au surplus.

« Considérant, relativement à la Ville, qu'elle n'avait aucune réserve à faire pour la répétition des loyers payés d'avance, qui, dans les termes du droit commun, lui appartiennent en sa qualité de nouveau propriétaire; que Duboys seul aurait pu stipuler, s'il le jugeait convenable, qu'ils ne lui seraient pas demandés.

« Considérant enfin que si la Ville avait le droit, en payant à Duboys, le 15 janvier 1856, le montant de son indemnité, de retenir par voie de compensation les loyers que celui-ci avait reçus d'avance, on ne saurait faire résulter du fait du paiement intégral, qui s'explique facilement par les circonstances dans lesquelles le paiement a eu lieu, la renonciation de la Ville à la répétition légitime qu'elle exerce aujourd'hui.

Par ces motifs, etc., — infirme le jugement de première instance de la Seine. »

Pourvoi en cassation par le sieur Duboys, pour divers motifs que la Cour de cassation fait connaître dans l'arrêt qui suit.

La Cour,

« Sur le premier moyen tiré de la prétendue violation

de l'art. 468 du Code de Procédure civile, et d'abord sur la première branche de ce moyen;

« Attendu que l'art. 468 n'exige pas que l'arrêt déclaratif de partage fixe le nombre des juges qui doivent être appelés comme départiteurs; — que cet article n'a pas été violé par le silence de l'arrêt sur ce point.

« Sur la deuxième branche, fondée sur ce qu'il n'est point établi par l'arrêt que les juges départiteurs ont été appelés selon l'ordre du tableau:

« Attendu que l'article 468 ne s'applique pas au cas où les juges, appelés comme départiteurs, font partie, par le roulement, de la chambre qui a rendu l'arrêt déclaratif de partage, alors qu'ils ne seraient pas les plus anciens, suivant l'ordre du tableau, parce qu'ils sont les juges naturels des parties et des affaires distribuées à cette chambre, et qu'il y a présomption légale, pour les autres juges, d'empêchement pour le service des autres chambres.

« Sur la troisième branche, fondée sur ce que l'arrêt n'a pas constaté l'empêchement des juges plus anciens que ceux appelés comme départiteurs:

« Attendu que, par suite du motif qui vient d'être donné, l'arrêt n'avait aucun empêchement à constater.

« Sur le deuxième moyen, fondé sur la violation prétendue des art. 21, 38, 39, 42, 48 et 49 de la loi du 3 mai 1841 et des art. 1614 et 1338 du Code Napoléon:

« Attendu qu'en principe l'acquéreur a droit aux fruits du jour de la vente; que ce principe n'a reçu aucune exception en matière d'expropriation pour cause d'utilité publique.

« Que, dans l'espèce actuelle, il y aurait d'autant moins lieu à admettre une exception que, devant le jury, Duboys, d'une part, usant de la faculté que lui accordait l'article 50 de la loi de 1841, a demandé que la ville de Paris fût tenue de lui acheter la totalité de sa propriété, dont une partie seulement était atteinte par l'expropriation; — et que, d'autre part, la ville de Paris a déclaré, par suite de l'intervention de Marchand, locataire, devant le jury, qu'il ne serait point porté atteinte aux localités occupées personnellement par Marchand, soit par le fait de l'expropriation, soit par le fait de la reconstruction des escaliers et de la loge du concierge, le bail de Marchand continuant à recevoir son exécution ; ce qui était, sous un double rapport, rentrer dans les termes ordinaires du droit et dans les règles et conditions d'une aliénation volontaire.

« Attendu que les parties eussent pu sans doute, soit entre elles, soit devant le jury, apporter au droit de l'acquéreur à la jouissance des fruits telles dérogations qu'elles eussent jugé convenables, mais que des faits constatés et des déclarations acquises il en résulte tout le contraire; — que quant à la déclaration du jury, il n'en résulte nullement, par une conséquence nécessaire, que les loyers payés d'avance dussent rester à Duboys.

« Sur le troisième moyen, fondé sur la violation de l'art. 7 de la loi du 21 avril 1810, en ce que l'arrêt n'a point motivé le rejet des conclusions subsidiaires. — Attendu que, s'il est établi que les conclusions dont s'agit ont été signifiées entre les parties, il n'est nullement établi qu'elles ont été prises ou renouvelées à l'audience et que l'oreille des juges en ait été frappée ; que le doute, sur ce point, suffirait pour justifier le silence de l'arrêt, — rejette, etc. »

4me *Espèce.*

INDEMNITÉ ALTERNATIVE.

La réquisition, par l'exproprié, de l'acquisition totale de l'immeuble exproprié partiellement, est suffisamment établie par la mention qui en est faite dans le procès-verbal des opérations du jury; il n'est pas nécessaire que cette réquisition soit constatée par acte judiciaire.

L'exproprié qui requiert l'expropriation totale de l'immeuble compris en partie seulement dans l'expropriation, n'est pas tenu, lorsque la réquisition n'est pas contestée, de demander une indemnité alternative pour la partie expropriée et pour la totalité de l'immeuble; toutefois il ne résulte aucune nullité de ce que le jury a alloué deux indemnités distinctes, alors que le montant de l'indemnité pour l'expropriation totale est inférieure à la somme demandée.

L'exproprié n'est pas tenu de notifier, avant la réunion du jury, sa demande en indemnité en réponse aux offres faites; cette demande peut être formulée pour la première fois devant le jury, sauf à supporter les dépens.

(Arrêt de la Cour de cassation du 18 décembre 1860. — V. *Sirey*, 1861, I, f° 1005).

5me *Espèce*.

La réquisition d'acquisition totale d'un immeuble partiellement exproprié pour cause d'utilité publique peut être adressée, non au magistrat directeur lui-même, mais à la partie qui poursuit l'expropriation; — et cette partie à laquelle la réquisition est notifiée est tenue, à peine de nullité, de la faire mentionner, avec le chiffre de l'indemnité requise, sur le tableau des offres et demandes, pour être soumise au jury.

La nullité résultant de l'inobservation de ces formalités substantielles étant d'ordre public, peut être proposée pour la première fois devant la Cour de cassation.

JEANSON contre LA VILLE DE PARIS.

LA COUR,

« Vu les articles 37 et 50 de la loi du 3 mai 1841,

« Attendu, en fait, qu'il résulte des pièces de la procédure que la ville de Paris, par suite du jugement du 12 juillet

1860, qui prononce l'expropriation du terrain des époux Jeanson, nécessaire pour l'ouverture du boulevard du prince Eugène, leur fit offre de la somme de un franc par acte extrajudiciaire en date du 17 septembre 1860, pour toute indemnité, et que le 29 septembre suivant, par acte signifié au préfet de la Seine, en protestant contre cette offre, les demandeurs requirent la dépossession totale, conformément à l'art. 50 de la loi du 3 mai 1841, en ajoutant qu'il y avait d'autant plus lieu à cette dépossession, que déjà le préfet de la Seine avait fait donner congé à tous les locataires. Ils demandaient 880 francs d'indemnité pour cette dépossession totale requise ; — que la ville de Paris ne répondit pas à cette réquisition, ne fit aucune offre nouvelle, et que le tableau des offres et demandes mis sous les yeux du jury ne mentionne pas cette demande de dépossession totale, ni le chiffre de l'indemnité y relative ; — Attendu que cette demande de dépossession totale était régulièrement introduite au procès dans les délais voulus par la loi; que si l'art. 50 de la loi précitée porte qu'elle sera adressée au magistrat directeur du jury, aucune loi ne s'oppose à ce qu'elle le soit à la partie expropriante, à l'effet d'être mise par elle sous les yeux du magistrat directeur et sous ceux du jury ; — Attendu que lors même que l'administration eût voulu contester le droit à requérir cette dépossession totale, cette demande, quelque litigieuse qu'elle puisse être, ne se trouvait pas moins régulièrement introduite au procès et devait donner suite à la fixation par le jury d'une double indemnité alternative ; — Attendu que la demanderesse, dans l'intérêt et à la requête de laquelle l'expropriation se poursuivait, dûment avertie de la prétention des expropriés, était tenue de remplir les formalités imposées par la loi pour mettre la cause en état de recevoir solution.

« Attendu que le silence gardé par les demandeurs devant le jury sur l'inobservation de ces formalités ne les rend pas non recevables à les opposer devant la Cour de cassation, s'agissant de formalités substantielles et d'ordre public ; — d'où il suit que, dans l'état des faits et l'inaccomplissement des formalités voulues par la loi, il y a eu, dans le règlement de l'indemnité auquel a procédé le jury, violation des articles ci-dessus invoqués, casse, etc.

(Arrêt de cassation du 10 avril 1861, ch. civ. — Voir *Journal du Palais*, 1862, f° 191).

EXPROPRIATION PARTIELLE. — DEMANDE PAR LE LOCATAIRE D'UNE EXPROPRIATION TOTALE.

Dans le cas d'expropriation partielle d'un bâtiment en état de location, le locataire a le droit d'exiger l'expropriation entière des lieux qu'il occupe, et cela quand même le propriétaire n'userait pas du droit que la loi lui accorde de requérir aussi l'expropriation de la totalité du bâtiment, et l'effet d'une telle expropriation n'est pas de résilier le bail à l'égard du propriétaire, mais de substituer l'expropriant au locataire dans les droits et charges dérivant du bail.

Il en est ainsi surtout alors que cette transmission de bail a été convenue entre le locataire et l'expropriant, en présence du jury, cette convention recevant de la présence du jury et de la certification du magistrat qui le préside le caractère d'un contrat judiciaire. — Peu importe que le propriétaire n'ait pas donné son consentement à cette substitution, ou même qu'il ait protesté devant le jury contre la convention dont s'agit ; s'il n'a pas exercé de recours en cassation contre l'ordonnance du magistrat directeur du jury qui en a donné acte, et contre la décision du jury qui en a été la suite, il est désormais non recevable à en contester la légalité.

Lorsque le propriétaire pour cause d'utilité publique est poursuivi à la fois par une commune et par une Compagnie que cette commune a chargé de l'exécution des travaux, la commune ne peut demander à être exonérée des engagements résultant du consentement donné en son nom devant le jury, par le motif que la Compagnie concessionnaire la représenterait dans toutes ses obligations.

(Ces deux questions ont été ainsi résolues par un jugement du Tribunal civil de la Seine, confirmé par un arrêt de la Cour impériale de Paris du 6 mai 1854. — *Président* M. Delangle; conclus. contraires de M. Delabaume, 1er avocat général. — V. *Sirey*, 1811, 2me, f° 225.)

Autre Espèce.

INDEMNITÉS ALTERNATIVES.

Le jugement qui, en donnant acte à un propriétaire de son consentement à la démolition de sa maison pour sa mise à l'alignement, renvoie devant le jury à l'effet de fixer les indemnités dues tant au propriétaire qu'au locataire pour *éviction complète*, n'a pas l'autorité de la chose jugée, vis-à-vis des locataires, sur le point de savoir si l'éviction est totale ou partielle, et n'enlève pas au locataire le maintien du bail avec indemnité pour l'éviction partielle.

Dans ce cas, le jury doit, à peine de nullité, fixer deux indemnités alternatives, pour éviction totale ou partielle.

(Arrêt de la Cour de cassation du 27 février 1864.)

LUCET contre la VILLE DE PARIS.

LA COUR,

« Vu l'art. 39 de la loi du 3 mai 1841,

« Attendu que, par jugement du 7 septembre 1853, le Tribunal civil de la Seine en donnant acte du consentement par Lemonier à la démolition de sa maison et par suite à la mise à l'alignement, et acte à Lemonier du consentement par le préfet de la Seine à l'abandon des terrains communaux nécessaires pour cette mise à l'alignement, a renvoyé les parties devant le jury à l'effet de statuer sur les indemnités dues non-seulement à la ville de Paris par Lemonier et à Lemonier par la Ville, mais aussi aux divers locataires, et notamment à Lucet, demandeur en cassation, à raison de leur éviction complète nécessitée par la démolition ou la mise à l'alignement.

« Attendu que l'action pouvant appartenir à Lucet, en vertu de l'art. 1722 du Code Napoléon, en diminution du prix ou résiliation de son bail, ne se trouvait préjugée, sauf règlement de l'indemnité, que pour l'hypothèse où l'éviction complète serait une nécessité ; mais que du jugement du 7 septembre 1853, rendu sans que Lucet y eût été partie, ne pouvait résulter contre celui-ci aucune déchéance de son action au cas de démolition partielle, ni aucune exception de chose jugée pour ce cas, sans que la signification à lui faite de ce jugement pût en faire sortir un lien de droit.

« Attendu que si, en réponse aux offres de 8,000 fr., à lui faites par la Ville, Lucet a refusé ces offres comme insuffisantes et a demandé pour indemnité d'éviction une somme de 73,466 fr., il n'est résulté de là aucune impossibilité légale de modifier sa prétention première ou de prendre des concluvions subsidiaires ;

« Attendu que, devant le jury, Lucet, dont la demande de 73,466 fr. n'avait pas été acceptée par la Ville, a conclu à la continuation de son bail et à son maintien dans les lieux, sous réserve d'une indemnité de 21,622 fr., pour éviction partielle ;

« Attendu qu'en cet état des faits le jury devait reconnaître l'existence d'un litige sur le fond du droit et statuer par voie d'indemnité alternative : pour l'hypothèse d'une éviction complète et pour celle d'une éviction partielle; que le magistrat directeur, en refusant de donner acte à Lucet de ses conclusions, par le motif que le jugement du 7 septembre 1853 aurait acquis l'autorité de la chose jugée et ne laisserait à décider que le règlement d'une indemnité pour éviction complète, et le jury, en ne statuant que sur le cas d'une complète éviction, ont expressément violé la disposition de l'art. 39 de la loi du 3 mai 1841, qui, en cas de litige sur le fond du droit, veut que l'indemnité soit fixée indépendamment de ce litige, casse, etc. »

(V. *Sirey*, 1851, 1er S. f° 137.

CESSION AMIABLE. — LOCATAIRE. — DROIT DE RÉCLAMER UN JURY SPÉCIAL. — COUR IMPÉRIALE. — LIMITE DE SA COMPÉTENCE.

Une cession amiable intervenue à la suite et en vertu d'un décret portant déclaration d'utilité publique et désignation des territoires, a-t-elle pour effet de résilier les baux établis sur l'immeuble cédé, encore que ladite cession n'aurait pas été précédée d'un arrêté de cessibilité ?

L'art. 55 de la loi du 3 mai 1841 est-il applicable à ce cas ? — En d'autres termes, faute par l'administration de poursuivre dans les six mois de la cession amiable la fixation de l'indemnité qui lui est due, les locataires peuvent-ils exiger qu'il soit procédé à cette fixation et adresser à cet effet requête à la Cour impériale, afin qu'elle choisisse en Chambre du conseil, en la forme tracée par l'art. 30 de la loi du 3 mai 1841, les personnes qui formeront le jury spécial ?

Sur cette requête, la Cour peut-elle examiner, en appréciant la qualité et le droit des requérants, et déclarer qu'il n'y a lieu à un règlement d'indemnité et refuser de choisir un jury ?

Le rôle et le devoir de la Cour impériale ne se réduisent-ils pas au contraire à faire droit à la requête, sauf pour le jury à ne régler l'indemnité que d'une manière hypothétique, s'il y a litige sur le fond du droit, si l'administration ou son cessionnaire conteste au locataire tout droit actuel à l'indemnité ?

Telles étaient les graves questions que présentait à juger un pourvoi dirigé par les sieurs Desbaux et Blouzet contre un arrêt rendu en la Chambre du conseil, le 14 août 1863, par la Cour impériale de Paris, au profit de la ville de Paris ; elles ont été débattues, le 20 janvier 1864, devant la Chambre civile.

La Cour, après avoir entendu les plaidoiries de Me Callet pour les demandeurs, et Suger Smith pour la Ville, défenderesse, après un long delibéré en la Chambre du conseil et conformement aux conclusions de M. le premier avocat général de Marnas, a prononcé la cassation de l'arrêt attaqué.

La cassation est fondée sur la violation des art. 30 et 55 de la loi du 3 mai 1841, en ce que la Cour impériale a excédé les limites de sa compétence, en tranchant en Chambre du conseil, et dans l'accomplissement de la mission spéciale et restreinte que lui confère l'art 30, un véritable litige sur le fond du droit.

Les motifs de l'arrêt préjugent la question de fond dans un sens favorable au droit des locataires d'exiger formation d'un jury.

(Audience du 20 janvier 1864. — Président M. Troplong. — Extrait de la *Gazette des Tribunaux* du 21 janvier 1864).

OCCUPATION PROVISOIRE D'UN TERRAIN POUR TRAVAUX PUBLICS. — COMPÉTENCE DU JURY.

La convention intervenue entre un propriétaire et une Compagnie de chemin de fer, par laquelle le premier consent à l'occupation immédiate par la Compagnie de parcelles de sa propriété nécessaires à l'établissement du chemin, moyennant une indemnité qui sera réglée, soit à l'amiable, soit par le jury, constituent, après que les parcelles de terrains formant l'objet de la convention ont été déterminées par la prise de possession de la Compagnie, une véritable cession amiable de propriété dans le sens de l'art. 14, paragraphe dernier de la loi du 3 mai 1841 pour cause d'utilité publique.

Par suite, le règlement de l'indemnité appartient au jury d'expropriation et non point à l'autorité administrative, comme s'il s'agissait d'une simple occupation déterminée pour cause de travaux publics. (Loi du 28 pluviose an VIII, art. 4.)

Par suite encore, le règlement de l'indemnité doit être fait suivant les formes spéciales établies par la loi du 3 mai 1841, et non suivant les règles du droit commun, comme s'il s'agissait d'une cession ordinaire de propriété.

Par suite enfin, le propriétaire peut, par application de l'art. 14, paragraphe dernier de la loi du 3 mai 1841, se pourvoir devant le Tribunal pour lui demander acte de son consentement à l'occupation des terrains, et faire ordonner la nomination du magistrat directeur du jury, sans qu'il soit besoin pour le Tribunal de rendre un jugement d'expropriation ni de s'assurer que les formalités voulues par l'art. 2 de la loi ont été remplies.

Un jugement du Tribunal civil de Castelnaudary, du 21 juillet 1854, a consacré les principes exposés ci-dessus, et ce jugement a été confirmé par la Cour de cassation par son arrêt du 26 décembre 1854.

(V. *Sirey*, 1855, 1re L., f° 604).

TUNNEL DE CHEMIN DE FER. — TRÉFOND. — RÉQUISITION D'EXPROPRIATION TOTALE. — FIN DE NON RECEVOIR. — TARDIVETÉ DE LA RÉQUISITION. — DÉLAI.

Lorsque la partie expropriante a déclaré n'entendre exproprier que le tréfond d'un terrain, l'exproprié peut exiger néanmoins que le fond lui soit en même temps acheté. (Art. 50 de la loi du 3 mai 1841)

Cette décision résulte des principes généraux en matière de propriété, alors qu'aucune loi spéciale (dans l'espèce, la loi du 3 mai 1841) n'a admis aucune exception en faveur de la partie expropriante. (Art. 552 du Code Nap.). Il résulte des dispositions des art. 4 et 50 de la loi précitée, que ce morcellement de la propriété doit toujours s'opérer à la surface.

La partie expropriée doit être admise devant le jury à requérir cette expropriation totale, c'est-à-dire du fond et du tréfond; cette réquisition n'est pas tardive, et il n'y a pas lieu pour elle d'attaquer le jugement qui a prononcé l'expropriation par voie de recours en cassation.

Ces graves questions, sur lesquelles on peut consulter deux arrêts de cassation en date des 21 décembre 1858 et 19 avril 1859, se présentaient dans les circonstances suivantes :

Les époux Delamarre sont propriétaires d'une maison et dépendances située à Montrouge, et se trouvant sur le parcours du chemin de fer de ceinture exécuté par l'État en 1861. M. le ministre des Travaux publics a fait remplir les formalités préliminaires pour parvenir à l'expropriation des propriétés nécessaires à l'établissement de ce chemin, et il résultait des plans et des tableaux publiés que, dans une certaine partie du parcours, la voie ferrée devait passer à une profondeur de 20 à 25 mètres au-dessous du sol, au moyen d'un tunnel.

Dans cette situation, on annonçait que l'emprise au-dessous de la maison des époux Delamarre ne comprendrait que le sous-sol de la propriété dans une étendue de 209 mètres. — Le jugement d'expropriation, rendu en juin 1862, déclare expropriées les propriétés ou portions de propriétés nécessaires au chemin de fer de ceinture, rive gauche, dans la traversée du 14me arrondissement de Paris désigné dans le tableau rapporté par le jugement ; dans ce tableau, la propriété Delamarre était indiquée :

Sous-sol d'une maison et ses dépendances, 209 *mètres*.

Le jury d'expropriation ayant été convoqué le 5 fevrier 1863, le préfet de la Seine, représentant l'État, posa des conclusions par lesquelles il demandait acte « de ce qu'il « déclare que les propriétaires des immeubles traversés en « souterrain par le chemin de fer, pourront bâtir au-dessus « avec caves et fossés réglementaires, même pendant la cons- « truction du chemin de fer; — tous les droits des proprié- « taires demeurant réservés dans le cas d'éboulement pro- « venant de l'exécution des travaux. »

Il résultait donc de ces conclusions, aussi bien que du tableau annexé au jugement, que l'administration n'entendait exproprier que le sous-sol, laissant au propriétaire le sol et le dessus du sol.

Les époux Delamarre s'opposèrent à ce morcellement de leur propriété ; ils redoutaient surtout l'éventualité d'éboulement de leur maison, prévu par la conclusion du préfet; le recours en garantie qui leur était assuré ne les rassurait en aucune façon ; — ils élevèrent alors la prétention d'être expropriés de la totalité de leur immeuble ; — ce droit leur ayant été contesté, des conclusions furent prises devant le jury, par lesquelles on demanda de part et d'autre la fixation d'une indemnité hypothétique ; le jury, statuant sur les conclusions, accorda 552 fr. pour le cas où les époux Delamarre n'auraient droit qu'à la dépossession du sous-sol, et 40,000 fr. pour le cas où ils auraient à requérir l'expropriation totale.

La question de droit posée devant le jury fut portée devant le Tribunal ; avant que l'affaire ne fût dans le cas d'être plaidée, les époux Delamarre firent constater par huissier qu'un éboulement s'était manifesté dans leur jardin, par suite des travaux d'établissement du chemin de fer.

A l'audience, l'administration prit des conclusions de fin de non recevoir, dans lesquelles elle prétendit que les époux Delamarre auraient dû, conformément à l'art. 20 de la loi du 3 mai 1841, attaquer le jugement d'expropriation par voie de recours en cassation; que, ne l'ayant pas fait, ce jugement passé en force de chose jugée, et ne comprenant dans l'expropriation que le sous-sol, il n'était plus possible de revenir sur cette décision. On invoquait en second lieu l'inobservation, dans les délais de l'art. 50 de ladite loi, des formalités nécessaires pour requérir l'expropriation totale d'un terrain ou d'un bâtiment.

Au fond, l'administration soutenait avoir usé de son droit, en ne prenant que la partie de la propriété des époux Delamarre nécessaire aux travaux du chemin de fer.

Le Tribunal,

« Attendu en fait qu'un souterrain doit être pratiqué dans la propriété de Delamarre pour l'établissement du chemin de ceinture, rive gauche, et qu'il doit être établi à 25 mètres au-dessous de la surface de ladite propriété et occuper la surface de deux ares neuf centiares de son tréfond.

« Attendu que le préfet de la Seine soutient, au nom de l'État, que Delamarre n'étant privé d'aucune parcelle de ladite surface, l'indemnité qui lui est due ne doit être calculée que suivant la valeur du terrain à la profondeur où il sera occupé ;

« Qu'au contraire Delamarre prétend que toute expropriation pour cause d'utilité publique doit porter sur la superficie en même temps que sur le tréfond; que dès lors, en premier lieu, on doit le considérer comme exproprié d'une parcelle de deux ares neuf centiares à la superficie de sa propriété ; et qu'en second lieu, cette surface consistant en bâtiments, il est fondé à requérir qu'ils lui soient achetés en entier ;

« Attendu, en droit, que le Code Napoléon reconnaissant que la propriété serait imparfaite, si le propriétaire n'était pas libre de mettre à profit toutes les parties extérieures et intérieures du fond qui lui appartient, déclare, en son article 552, que la propriété du sol emporte la propriété du dessus et du dessous :

« Attendu que, s'il peut être dérogé à cette règle par des conventions particulières, et si elle a été modifiée par la législation sur les mines, elle n'a été frappée d'aucune exception par la loi sur l'expropriation pour cause d'utilité publique ;

« Attendu, en effet, que cette loi, pour désigner les choses auxquelles elle s'applique, emprunte ses termes au Code Napoléon, et déclare atteindre la propriété particulière, les biens, terrains, batiments ;

« Attendu, dès lors, que, par application de l'art. 552 précité, toute propriété expropriée doit l'être pour tout ce qu'elle comporte, c'est-à-dire pour le dessus et le dessous à la fois ;

« Attendu que la partie expropriante ne tient d'aucune disposition de la loi du 3 mai 1841 le droit de prendre, suivant les besoins de ses travaux, soit le tréfond, soit la surface, soit le sol supérieur sans le sous-sol ;

« Attendu que si cette loi autorise le morcellement des propriétés, afin que l'expropriation soit limitée aux seules parcelles nécessaires pour les travaux d'utilité publique, il résulte de l'ensemble de ses dispositions, et notamment des art. 4 et 50, que la division doit toujours s'opérer à la surface, que c'est la contenance superficielle qui doit être expropriée, *quod ad solis faciam est*, et que cette expropriation d'une portion du dessus emporte avec elle celle du dessous dans les mêmes limites; mais qu'il n'est point permis d'exproprier par fractions ou couches horizontales, ni refuser indemnité à la surface du sol pour n'en accorder qu'à sa profondeur ;

« Attendu, en conséquence, que l'expropriation encourue par Delamarre l'a dépossédé en réalité d'une contenance superficielle de deux ares neuf centiares, et que la propriété ainsi atteinte consistant en bâtiments, il est fondé à réclamer, par application de l'art. 50 de la loi précitée, l'indemnité de 40,000 francs qui lui a été éventuellement allouée par le jury d'expropriation pour le cas où il serait décidé qu'il avait droit de demander que sa propriété lui fût achetée en entier ;

« Qu'ainsi l'État ne saurait prétendre aujourd'hui que le bénéfice de l'art. 50 précité soit tardivement invoqué par Delamarre ;

« Que, de même que le jugement du 5 juin 1862 l'avait déclaré exproprié d'une portion de sa propriété, il n'était point tenu à ce moment, pour réserver ses droits à une éviction totale, à se pourvoir en cassation contre ce jugement.

« Par ces motifs, déclare définitivement acquise à Delamarre l'indemnité de 40,000 francs qui lui avait été éventuellement allouée par décision du jury d'expropriation pour cause d'utilité publique du 5 février 1863 — en conséquence, ordonne que ladite somme avec les intérêts qu'elle a produits lui sera payée, soit par le préfet de la Seine, représentant l'État, soit par le ministre des Travaux publics, soit par le directeur de la Caisse des dépôts et consignations, si cette somme a été déposée à ladite Caisse ; condamne le préfet de la Seine ès-noms qu'il agit aux dépens.

(Tribunal civil de la Seine, audience des 1er et 8 décembre 1863. — Extrait de la *Gazette des Tribunaux* du 9 décembre).

COMPOSITION DU JURY. — ÉCHANGES.

L'introduction, dans le jury, d'un individu non porté sur la liste dressée par la Cour ou le Tribunal entraîne la nullité de la décision à laquelle a participé cet individu, et une telle nullité étant d'ordre public, n'a pu être couverte par le silence des parties, même ayant eu connaissance de cette introduction illégale.

(Deux arrêts de la Cour de cassation du 26 juin 1865. — *Journal du Palais*, f° 1103.)

ERREURS ET INEXACTITUDES SUR LA LISTE DU JURY.

Les erreurs et inexactitudes commises dans l'indication des noms et des qualités portés sur la liste des jurés ne sont pas une cause de nullité de la composition du jury, alors qu'elles n'ont pas été de nature à tromper l'exproprié sur l'identité des personnes appelées comme jurés, ni à nuire à son droit de recusation.

(Arrêt de la Cour de cassation du 13 février 1860.—*Journal du Palais*, 1861, f° 638.)

RENVOI DU JURY DANS LA SALLE DES DÉLIBÉRATIONS.

Le renvoi du jury, dans la salle des délibérations, à l'effet de réparer un oubli, portant sur un point où un contrat judiciaire existant entre les parties, il n'y avait en réalité qu'à leur donner acte de leur mutuel consentement, n'entraîne pas nullité de la délibération du jury, comme constituant une infraction à la règle qui prescrit aux jurés de statuer sans désemparer.

(Arrêt de la Cour de cassation du 20 août 1860. — *Journal du Palais*, 1861, f° 502.)

JURÉS. — INCOMPATIBILITÉ.

Il y a incompatibilité entre les fonctions de juré et celle de membre du Conseil municipal de la ville qui poursuit l'expropriation.

La présence, sur la liste du jury spécial, d'un propriétaire intéressé à l'expropriation, est une cause de nullité, lorsque le magistrat directeur a refusé d'opérer la radiation du nom de cet intéressé, demandée par l'exproprié.

Il n'importe que le même intéressé n'ait pas fait partie du jury, par suite de la récusation de l'exproprié.

Mais un juré n'est point incapable de statuer sur des affaires dans lesquelles il n'est pas intéressé personnellement, alors même qu'elles auraient été rendues dans la même catégorie que l'affaire qui le concerne.

(Arrêt de cassation des 4 juillet et 3 août 1859. -- *Journal du Palais*, 1859, f° 710.)

LISTE ET NOMBRE DE JURÉS. — RÉCUSATION.

Le consentement donné par les expropriés à ce que la liste du jury, qui, par suite d'empêchements légitimes, se trouve réduite à moins de seize jurés ne soit pas complétée au moyen de l'adjonction de jurés supplémentaires, et à ce que leur droit soit par là restreint, n'est point contraire à la loi, si d'ailleurs le jury reste composé du nombre légal de douze jurés.

Et en pareil cas le jury se trouve régulièrement formé, même vis-à-vis d'une partie qui n'est intervenue dans la procédure qu'après la formation de ce jury.

(Arrêt de cassation du 29 novembre 1860. — *Journal du Palais*, 1861, f° 846.)

LISTE GÉNÉRALE DU JURY COMPRENANT UN PLUS GRAND NOMBRE DE JURÉS QUE NE VEUT LA LOI.

La disposition de l'art. 29 de la loi du 3 mai 1841 portant que la liste du jury dressée pour chaque arrondissement par le Conseil général, et sur laquelle, d'après l'art. 30, la Cour impériale choisit le jury spécial d'expropriation, contiendra trente-six noms au moins et soixante-douze au plus, est substantielle et d'ordre public, en sorte qu'il y a nullité de toute décision d'un jury choisi sur une liste où se trouvent inscrits plus de 72 noms.

(Cassation du 23 janvier 1861.—*Journal du Palais*, 1861, f° 583.)

JURY. — AFFAIRES COMPRISES DANS LE MÊME JUGEMENT D'EXPROPRIATION. — SERMENT. — TUTEUR NON AUTORISÉ. — DÉPENS.

Lorsque plusieurs affaires sont composées dans le même jugement d'expropriation, il n'est pas nécessaire de constituer autant de jurys que d'affaires ; il suffit que toutes les parties aient été mises en demeure d'exercer leurs droits de recusation, et qu'on ait formé un jury nouveau dans le cas où les recusations l'ont rendu nécessaire.

En tous cas, les parties qui ont exercé dans toute sa plénitude le droit de recusation, ne sont pas recevables à attaquer la décision intervenue. (Loi du 3 mai 1841, art. 34.)

De même il n'est pas nécessaire que le jury unique prête serment au commencement de chaque affaire; mais lorsque, par l'effet d'une recusation, il se trouve renouvelé en partie, tous les jurés doivent prêter serment. (Loi du 3 mai 1841, art. 36.)

La demande formée par un tuteur non autorisé de justice ne fait pas obstacle à ce que les jurés fixent l'indemnité à une somme supérieure à cette demande, et l'acquiescement qui en serait la conséquence doit être considéré comme non avenu. (Loi du 3 mai 1841, art. 13 et 39.)

Est nulle l'ordonnance du magistrat directeur du jury qui ne statue pas sur le paiement des dépens.

(Arrêt de la Cour de cassation du 21 mai 1862.—V. *Sirey*, 1862, v. 1er, f° 571.)

JURÉS. — MAIRES. — ADJOINTS. — OFFRES MODIFICATIVES DE BAIL. — DÉPENS. — DEMANDES TARDIVES D'INDEMNITÉS.

Les maires et adjoints des arrondissements de la ville de Paris n'étant pas intéressés dans les expropriations poursuivies par cette Ville, peuvent faire partie du jury appelé à fixer les indemnités dues par ces expropriations (1).

En cas de simple changement apporté dans le chiffre des offres primitives, il n'est pas nécessaire, comme au cas d'offres nouvelles sur un nouvel objet d'indemnité, qu'il y ait eu délai de quinzaine entre les offres modificatives et le débat devant le jury.

L'exproprié qui n'a pas fait connaître sa demande d'indemnité dans le délai légal, doit être condamné aux dépens, même au cas où l'expropriant aurait modifié, pendant les débats, le chiffre de ses offres primitives.

DE BRUNSVICH contre LA VILLE DE PARIS.

LA COUR,

« Sur le moyen qui concerne la formation du jury :

« Attendu que les maires et adjoints de la ville de Paris ne peuvent pas, à raison de leurs attributions, être considérés comme parties intéressées dans les actions formées par la Ville en règlement des indemnités pour expropriation pour cause d'utilité publique, et qu'ainsi le moyen manque en fait.

« Sur le moyen relatif aux offres :

« Attendu que l'offre d'une indemnité de 140,000 fr., faite par la ville de Paris, a été signifiée au demandeur par exploit

(1) En général, les maires, et même les conseillers municipaux de la commune au profit de laquelle une expropriation est poursuivie, doivent être considérés comme parties intéressées, et ne peuvent dès lors faire partie du jury appelé à fixer les indemnités dues aux expropriés. (Arrêt de la Cour de cassation des 11 juillet et 3 août 1859).

du 21 septembre 1860 ; qu'au 5 octobre, jour pour lequel assignation devant le jury lui a été donnée et où la réunion du jury a eu lieu, aucune demande indiquant le montant de ses prétentions n'avait été formée par lui ; que c'est à l'audience du 10 octobre qu'il l'a fait connaître pour la première fois ; — attendu qu'il est satisfait à la disposition par laquelle l'art. 24 de la loi du 3 mai 1841 accorde aux intéressés un délai de quinzaine pour délibérer sur les offres, lorsque, comme dans l'espèce, ce délai s'est accompli à partir des offres, avant le jour pour comparaître indiqué par l'assignation, et que le tableau qui doit, aux termes de l'art. 37, être mis sous les yeux du jury, est celui des offres et demandes notifiées, en exécution des art. 22 et 24, dans le délai de la loi ; — attendu que si un nouveau délai doit être observé lorsque des offres nouvelles sont faites sur un nouvel objet d'indemnité, il n'en est pas de même lorsqu'il n'existe qu'un simple changement dans le chiffre des offres, sans introduction d'un objet nouveau d'indemnité dans le débat, et que les parties demeurent maîtresses, conformément au droit général de la procédure, de modifier leurs conclusions, jusqu'au moment de la clôture du débat ; — attendu que l'offre faite le 11 septembre 1860, par la ville de Paris, n'était accompagnée d'aucune restriction et portait sur l'intégralité de l'indemnité d'expropriation, c'est-à-dire sur le prix des matériaux de démolition comme sur le prix des terrains, et que si, dans le cours des débats, l'expropriant s'est engagé à ajouter au chiffre d'indemnité en argent par elle offert, l'abandon des matériaux de démolition, et si, sur le refus du demandeur de cette part de paiement en nature, il a augmenté de 30,000 fr. son offre primitive, il est résulté de là un changement, non dans le titre, objet de l'indemnité, mais seulement dans son chiffre ; et que cette amplification de l'offre ne constituait pas une offre distincte et nouvelle, entraînant la nécessité d'un nouveau délai pour délibérer ; — attendu qu'il résulte de ce qui précède qu'il n'y a eu violation ni du paragraphe premier de l'art. 37 de la loi du 3 mai 1841, ni des art. 23 et 24 auxquels le paragraphe se réfère.

« Sur le moyen relatif aux dépens :

« Attendu qu'aux termes de l'art. 60 de la loi du 3 mai 1841, l'indemnitaire qui a omis de se conformer aux dispositions de l'art. 24 doit être condamné aux dépens, qu'elle que soit l'estimation du jury ; — attendu que la modification par l'expropriant du chiffre par lui définitivement offert ne relève pas l'exproprié de cette conséquence, attachée à l'inexécution de l'art. 24; — d'où il suit que l'ordonnance du magistrat directeur, en condamnant le duc de Brunsvich aux dépens, loin d'avoir violé l'art. 40 en a fait au contraire une juste application. — Rejette, etc.

(V. *Journal du Palais* de 1862, f° 72.)

JURÉ ÉTRANGER.

La présence d'un individu non Français dans un jury d'expropriation pour cause d'utilité publique n'est pas une cause de nullité, si cet individu figurait sur la liste dressée par le Conseil général.

Ainsi résolu par un arrêt de la Cour de cassation du 1er mai 1861, *prés.* M. PASCALIS ; conc. conf. de M. DE MARNAS, *avoc. gén.*

(Voir *Journal du Palais*, 1862, f° 772).

JURY. — INCAPACITÉ. — CRÉANCIER. — INTÉRÊT PERSONNEL.

La présence, sur la liste d'un jury spécial d'expropriation, de personnes qui, aux termes de l'art. 30 de la loi du 3 mai 1841, ne peuvent être choisies pour jurés, ne donne pas lieu à ouverture en cassation, à moins qu'il ne s'agisse de parties personnellement intéressées à la fixation de l'indemnité.

A supposer qu'un créancier inscrit doive être considéré comme personnellement intéressé à la fixation de l'indemnité, et par suite incapable de faire partie du jury, il n'en est ainsi qu'à l'égard de l'immeuble grevé de l'hypothèque ; l'incapacité du créancier ne saurait être étendue au cas où il s'agit d'un autre immeuble du même débiteur.

Arrêt de la Cour de cassation du 28 mai 1861, Ch. civ. MM. Pascalis, *prés.;* de Rugal, *avoc. général.*

(Voir *Journal du Palais*, 1861, f° 324).

CESSATION DES FONCTIONS DU JURY. — NULLITÉ.

Est nulle la décision rendue par un jury que l'autorité judiciaire avait choisi sur la liste en vigueur au moment de ce choix, mais qui ne commence à fonctionner qu'après le renouvellement de cette liste par le Conseil général.

Les pouvoirs des jurés portés sur la liste dressée par le Conseil général dans la session suivante ordinaire, si dans le temps écoulé entre la délibération par laquelle l'autorité judiciaire a choisi le jury spécial et la réunion de ce jury, une nouvelle liste a été dressée par le Conseil général, le jury spécial n'a plus aucun pouvoir, il doit être procédé à une désignation nouvelle.

(Arrêt de cassation du 29 novembre 1863, d'une décision rendue le 23 août 1863 par le jury d'expropriation de l'arrondissement de Joigny).

DÉCISION DU JURY. — NULLITÉ. — COMPARUTION.

Les erreurs dans la désignation, quand ces erreurs proviennent de la liste dressée par la Cour impériale, conforme, d'ailleurs, aux indications de la liste dressée par le Conseil général, ne sont pas une cause de nullité.

Le défaut de la signature d'un juré sur la décision à laquele il a concouru n'est pas non plus une cause de nullité.

(Ainsi résolu par arrêt de la Cour de cassation du 24 juillet 1860. — V. *Sirey*, 1860, v. 1er, f° 1009).

2me *Espèce.*

L'introduction dans la Chambre des délibérations du jury, après la clôture des débats, d'un agent-voyer auquel les jurés ont demandé des renseignements, emporte nullité, surtout alors que la partie expropriée n'a pas été appelée en même temps.

(Arrêt de la Cour de cassation du même jour que dessus).

3me *Espèce.*

La comparution de l'exproprié devant le jury n'emporte pas, de sa part, renonciation à opposer la nullité de la procédure antérieure, alors qu'il a fait des réserves formelles à cet égard.

(Arrêt de cassation du 30 janvier 1861. — Voir *Journal du Palais*, 1861, f° 984).

JURÉS. — VISITE DES LIEUX.

Une visite des lieux, faite par les jurés avant leur prestation de serment, n'est pas une cause de nullité quand elle n'a eu le caractère que d'une démarche purement officieuse.

DE LA PRUNARÈDE ET DE BOSQ contre LAZARE.

ARRÊT.

LA COUR.

« Attendu qu'il résulte du procès-verbal des opérations du jury que le 2 août, jour de l'ouverture desdites opérations, le magistrat directeur a procédé, en présence de tous les intéressés et sans opposition, à la formation des jurys spéciaux pour chacune des affaires de la session, et notamment pour l'affaire concernant les demanderesses, recevant et prononçant sur les récusations prononcées par les diverses parties ; qu'après cette opération il a ordonné que ces affaires seraient successivement soumises à chacun des jurys spéciaux désignés, dans l'ordre qui avait été déterminé entre elles lors de l'appel qui en avait été fait, et ce, sans réclamation aucune ; qu'en conséquence il a été immédiatement procédé à l'examen de la première, et qu'il en a été de même des autres les jours suivants, sans autre interruption que celle exigée par le temps donné à l'examen de chacune ; que, par suite, celle des demanderesses n'a pu être appelée que le 7 août, et qu'enfin c'est à ce jour seulement que les membres du jury spécial désigné ont pris place sur leur siége et ont prêté serment, après quoi il a été procédé, sans désemparer, à l'examen et à la décision suivie de l'ordonnance du magistrat directeur.

« Attendu qu'il n'appert d'aucune énonciation dudit procès-verbal qu'une visite des lieux ait été ordonnée ou effectuée par les jurés après leur prestation de serment, pour l'instruction de l'affaire à l'examen de laquelle il est dit qu'ils ont procédé immédiatement et sans désemparer ; que des certificats individuels ne suffisent pas pour porter atteinte à la foi due au procès-verbal en cette partie, et que d'ailleurs il n'a été rien produit ni concédé qui donne lieu de supposer que la visite des lieux alléguée, et qui aurait précédé la prestation du serment des jurés, ait un autre caractère que celui d'une démarche purement officieuse. D'où il suit qu'en cet état il n'échet à l'inscription de faux, et au fond, que la décision et l'ordonnance attaquées n'ont violé aucune loi, rejette le pourvoi formé contre la décision à l'ordonnance rendue le 7 août 1860 par le jury d'expropriation de Montpellier et du magistrat directeur, etc.

(*Journal du Palais*, 1861, f° 1056).

EXPRESSION D'UN VŒU DE LA PART DU JURY. — RECTIFICATION DE SURFACE.

Le jugement qui, après fixation par le jury de l'indemnité due à l'exproprié, accueille la demande formée par celui-ci contre l'expropriant, dans le but non d'obtenir un supplément d'indemnité à raison d'un excédant de contenance du terrain exproprié, mais de faire constater l'usurpation par l'expropriant, lors de la prise de possession, d'une parcelle de terrain en dehors de celle expropriée, et de faire fixer l'indemnité nouvelle à laquelle donne lieu cette usurpation, ne porte aucune atteinte à l'autorité de la chose jugée, résultant du jugement d'expropriation et de la décision du jury.

(Arrêt de la Cour de cassation du 2 mai 1860. — Voir *Journal du Palais*, 1861, f° 718 (1).

CHAPITRE VI.

Indemnité à titres divers.

1re *Espèce.*

Lorsque l'indemnité réclamée comprend, outre la valeur de la maison expropriée, une somme pour frais de déplacement, nouvelle appropriation et autres dommages accessoires, si cette dernière cause d'indemnité est contestée, en ce que le déplacement et ses suites ne seraient pas le résultat de l'expropriation, mais bien du mauvais état antérieur de ladite maison, le jury ne peut pas allouer sans distinction et définitivement une somme unique pour toute

(1) La demande dont s'agit dans le cas susmentionné est de la compétence des tribunaux ordinaires.

indemnité ; il doit fixer provisoirement une indemnité spéciale pour le chef contesté, et renvoyer les parties devant qui de droit pour statuer sur le litige.

2me *Espèce.*

Le jury n'est pas tenu d'allouer des indemnités distinctes à l'exproprié qui a droit à une indemnité à plusieurs titres, alors que cet exproprié a réclamé une indemnité unique et qu'il n'y a eu de contestation que sur le chiffre de cette indemnité.

(Arrêt de la Cour de cassation du 24 juillet 1860. — V. *Journal du Palais,* 1861, f° 120.)

INDEMNITÉ A RAISON DE TANT PAR MÈTRES CARRÉS ET PAR PIEDS D'ARBRES.

Le jury peut allouer une indemnité fixée à tant par mètre de terrain, lorsqu'il n'est pas appelé à s'expliquer sur l'étendue de ce terrain, et que cet élément d'indemnité n'est même l'objet d'aucun chef de demande. (Loi du 3 mai 1841, art. 38.)

Il peut aussi, dans le cas où les parties sont en désaccord sur la contenance du terrain, allouer une indemnité fixée à raison de tant pour chacun des mètres carrés dont se compose la contenance affirmée par l'exproprié, en réservant à l'expropriant le droit de faire vérifier l'exactitude de cette contenance.

Le jury peut également, s'il s'agit de plantation d'arbres sur le nombre desquels les parties sont divisées, fixer l'indemnité à tant par chaque pied d'arbre, alors surtout que ce mode d'évaluation est accepté par les parties ; — et cela encore bien que l'indemnité ainsi fixée devrait se trouver inférieure aux offres de l'administration expropriante, l'évaluation cessant d'être limitée par ces offres, en présence du consentement donné par les parties au mode d'appréciation dont il s'agit.

1re *Espèce.*

DUCAILLE contre LA VILLE DU HAVRE.

Arrêt de la Cour cassation.

LA COUR,

« Sur le premier moyen :

« Attendu qu'en déterminant une somme fixe par chaque pied d'arbre et par chaque mètre de clôture, le jury a arrêté d'une manière définitive les éléments de l'indemnité.

« Attendu, à l'égard des pieds d'arbres, que les parties n'étant point d'accord sur leur nombre, le jury ne pouvait que s'en référer à la vérification qui en serait faite par qui de droit ; que d'ailleurs le mode d'évaluation adopté a été formellement accepté par les parties et que leur accord sur ce point a été consigné au procès-verbal. — Attendu, quant à la clôture en façade sur la rue projetée, qu'il ne résulte ni du procès-verbal ni des documents produits que le jury ait eu à s'expliquer sur son étendue, et que cet élément d'indemnité n'avait même été l'objet d'aucun chef de demande, ni d'aucune obligation ou observation des parties ; que le jury a pleinement rempli sa mission d'évaluation et a rendu certain le montant de l'indemnité, en allouant une somme fixe pour chacun des mètres de clôture en facade, dont il n'avait point en l'état des faits à établir le nombre, - qu'ainsi l'art. 48 de la loi du 3 mai 1841 n'a point été violé.

« Sur le deuxième moyen :

« Attendu que si l'administration avait, dans ses offres primitives, estimé à 120 fr. la plantation dépendant des terrains expropriés, et si, devant le jury, alléguant qu'un certain nombre d'arbres ayant été abbattus, elle a réduit ses offres à 60 fr., il résulte du procès-verbal que, postérieurement aux secondes offres, les parties, sur la proposition du magistrat directeur, sont tombés d'accord pour que le jury fixât l'indemnité due pour les arbres, à raison de tant par pied d'arbre et suivant son essence, sauf vérification ultérieure des allégations des parties. — Attendu, qu'en cet état du litige, l'évaluation du jury avait cessé d être limitée par le montant des offres et demandes, et que le mode d'appréciation déterminé par le contrat judiciaire formé devant lui devenait la règle;— d'où il suit que, dans l'hypothèse même où la portion d'indemniié resterait inférieure aux offres primitives ou aux offres réduites, le dernier paragraphe de l'art 39 de la loi du 3 mai 1841, n'aurait pas été violé, rejette le pourvoi formé contre la décision du jury d'expropriation de l'arrondissement du Havre et contre l'ordonnance du magistrat directeur, en date, toutes deux, du 19 mars 1859, etc.

CHAPITRE VII.

Droit des fermiers et locataires de demander, de requérir la convocation du jury à l'expiration des six mois du jury d'expropriation

1re *Espèce.*

Le locataire ou fermier est partie intéressée dans le sens de l'art. 55 de la loi du 3 mai 1841; par suite, faute par l'administration de poursuivre le règlement de cette indemnité dans les six mois du jugement d'expropriation, le locataire est recevable à poursuivre lui-même ce règlement et à provoquer la désignation du jury.

Et, dans ce cas, la Cour chargée de faire cette désignation ne peut s'y refuser, sous prétexte que le demandeur n'est pas actuellement troublé dans sa jouissance.

Décisions conformes de la Cour de cassation dans ses arrêts des 27 juillet et 28 août 1857 et 11 juillet 1859. (V. *Sirey,* 1857, 1-765-768 — et 1, 8592-958).

RÉQUISITION DE CONVOCATION DU JURY ADRESSÉE AU MAGISTRAT.

L'exproprié auquel la loi donne le droit de poursuivre lui-même la fixation de l'indemnité qui lui est due, à défaut par l'administration d'y avoir fait procéder dans les six mois de l'expropriation, a par cela même qualité pour requérir du magistrat directeur la convocation du jury en cas du refus du sous-préfet de faire cette convocation. Le magistrat directeur méconnaît ses devoirs s'il déclare qu'il n'y a pas lieu de faire droit à cette réquisition.

(Arrêt de la Cour de cassation du 21 février 1860. — V. *Sirey,* 1860, 1-1007.

Aarrêt de cassation du 17 octobre 1860.

La Cour,

« Vu les art. 23, 30, 39 et 55 de la loi du 3 mai 1841.

« Attendu que l'expropriation dont il s'agit a été prononcée par un jugement qui a acquis l'autorité de la chose jugée ; qu'il est dès lors acquis aux deux parties, et que la renonciation de l'une d'elles à l'exécution de ce jugement ne saurait lier l'autre et lui enlever, malgré elle, le bénéfice de l'expropriation. — Attendu que la Cour impériale saisie, en la Chambre du conseil, de la demande en désignation d'un jury, conformément aux art. 30 et 55 de la loi du 3 mai 1841, n'est point juge ni du motif ni de la portée de cette expropriation, non plus que de l'intérêt et du droit que les parties peuvent avoir ou prétendre à une indemnité à raison des circonstances spéciales dans lesquelles elles peuvent se trouver ; qu'il lui appartient seulement d'examiner si elles ont qualité pour en poursuivre le règlement ; qu'elles ont nécessairement cette qualité lorsqu'elles sont, comme dans l'espèce, au nombre des parties que la loi regarde comme intéressées.

Attendu que la Cour impériale, agissant dans la limite qui lui est tracée par la loi pour l'accomplissement d'une formalité, excède ses pouvoirs lorsqu'appréciant le droit des parties, elle se fonde sur ces droits pour refuser à l'une d'elles la désignation d'un jury que lui assurent la loi et le jugement d'expropriation ; d'où il suit que, par ce refus, l'arrêt attaqué a commis un excès de pouvoir et violé les articles ci-dessus visés.

Casse l'arrêt rendu par la Cour impériale de Paris le 17 octobre 1860. — V. *Journal du Palais*. 1861, f° 984.

DIVERS CHEFS DE DEMANDE.

Il y a obligation pour le jury de statuer sur tous les chefs de demande ; il n'est pas nécessaire pour cela que le jury énonce ou rappelle tous les chefs ; il y a présomption, s'il s'exprime en termes généraux, que sa décision a répondu à toutes les parties de la demande ; mais cette présomption cesse, et la nullité de la décision s'ensuit, lorsque les termes de la décision indiquent qu'il n'a pas été statué sur tous les chefs, et spécialement lorsque l'indemnité étant réclamée et pour la surface et pour la masse des matières exploitables se trouvant sur la propriété expropriée, le jury ne l'a accordée qu'à raison de la surface, avec exclusion tacite et nécessaire de toute indemnité pour la masse exploitable. (Art. 38 et 42 de la loi du 3 mai 1841).

(Cassation au rapport de M. le conseiller Bayle-Mouillard, et conformément aux conclusions de M. l'avocat général de Reynald, d'une décision du jury d'expropriation de la Seine. — *Bulletin de la Cour de Cassation* du 4 juillet 1864).

CHAPITRE VIII.

Demande d'indemnités pour dommages résultant de travaux publics. — Question d'expertise. — Justice administrative.

Par suite de travaux exécutés par l'administration dans la rue Jean-de-Beauvais, aux abords de la rue des Écoles et du boulevard Saint-Germain, cette rue a été partagée en deux tronçons, munie de deux murs avec escaliers rentrants à ses deux extrémités, et a reçu des habitants du quartier la dénomination pittoresque, mais peu attrayante, de *rue à trois étages*.—La ville de Paris a acquis, par voie d'expropriation, la plupart des maisons de cette rue, mais restent celles qui sont situées aux deux extrémités, habitées par un certain nombre de petits commerçants qui, se plaignant d'être gravement atteints dans l'exercice de leurs professions, ont formé une demande d'indemnité devant le Conseil de préfecture de la Seine, et réclamé avant faire droit, une expertise à l'effet de faire constater l'étendue du préjudice qui leur était causé.

La ville de Paris repoussait leur demande comme mal fondée ; elle niait le principe de leur droit à une indemnité ; elle reconnaissait que les facilités d'accès avaient notablement diminué pour leurs maisons, mais comme les accès subsistaient et n'avaient pas été supprimés, elle soutenait que la réclamation n'était pas de nature à être accueillie, elle se refusait par conséquent à la nomination d'experts réclamés par ses adversaires.

A l'audience du 31 mai, Me Lachaud, avocat à la Cour impériale, s'est présenté pour les habitants de la rue Jean-de-Beauvais.

Après avoir décrit l'état dans lequel les travaux de la Ville avaient mis les maisons occupées par ses clients, il a abordé la question de droit que soulevait l'exception invoquée par la Ville, et s'est efforcé de démontrer que la jurisprudence n'avait jamais repoussé les principes d'une indemnité pour les dommages directs et matériels, et qu'il était impossible de soutenir que le préjudice causé aux habitants de la rue Jean-de-Beauvais n'eût pas ce caractère.

M. de Guigné, auditeur au Conseil d'État, a pris ensuite la parole et a résumé ainsi qu'il suit la jurisprudende sur la matière.

M. le commissaire du Gouvernement a fait remarquer que la règle constante en matière de dommages causés par les travaux publics, était qu'une expertise contradictoire précédât la décision du Conseil de préfecture, chargé d'apprécier les demandes d'indemnités; qu'il n'était fait d'exception à cette règle que lorsque la demande, même en la prenant comme justifiée, excluait par ses termes l'idée à un droit à indemnité ; ainsi la jurisprudence restreint aux seuls dommages directs et matériels, ceux pour lesquels une indemnité peut être réclamée ; dès lors si le simple énoncé d'une demande écarte l'idée d'un dommage réel et matériel, on comprend que le Conseil puisse statuer sans avoir recours à l'examen des experts; mais hors ce cas, et toutes les fois qu'il y a doute sur l'existence du dommage réel et matériel, l'expertise est de droit pour les parties et ne peut être refusée.

Que doit-on entendre par dommage réel et matériel? Celui qui affecte directement l'état matériel d'une propriété, qui la frappe non dans ses avantages accessoires, mais dans sa substance même : c'est ainsi que l'exhaussement du sol d'une rue devant une maison, est considéré, dans nombreuses décisions du Conseil d'État, comme une cause légitime d'indemnité ; car alors la maison elle-même est atteinte par les travaux; en outre l'exhaussement peut intercepter le cours des eaux d'une maison et la soumettre à l'invasion de celles venant de la rue; l'abaissement peut en diminuer la solidité, et l'un et l'autre peuvent avoir pour conséquence d'obliger le propriétaire à des travaux plus ou moins considérables pour se raccorder avec le sol de la voie publique.

Mais une maison ne se comprend pas sans ses accès qui en sont comme une portion intégrante ; dès lors la modification fâcheuse des accès d'une maison peut être considérée comme un dommage aussi direct et matériel que celui qui atteindrait la maison elle-même ; — de nombreux décrets, rendus au contentieux, le reconnaissent, notamment le décret du 21 avril 1861, cité par l'avocat des réclamants, qui a accordé à des commerçants de la rue du Pourtour-Saint-Gervais une indemnité de 10,000 fr., parce que, par suite de l'abaissement de la chaussée de la rue, le trottoir placé au-devant de leur boutique avait reçu onze marches, et que cette modification des accès avait causé un grave préjudice à leur clientèle ; il en résulte que le Conseil d'État reconnaît le droit à indemnité, non-seulement dans le cas de suppression complète des accès, ce qui est le système de l'administration, mais encore dans le cas de diminution notable des facilités d'accès.

Mais si le dommage ne porte ni sur la maison ni sur ses accès, il cesse d'être direct et matériel et de motiver une indemnité ; si l'on suppose, par exemple, une maison située dans un quartier qui se relie au reste de la ville par une voie large et directe, et que cette voie vienne à être supprimée, le dommage peut être grave pour la maison, mais il ne sera ni direct ni matériel ; de même si la rue où est située la maison perd ses facilités de communication avec les rues avoisinantes, par suite de certains travaux, si même elle vient à être fermée à l'une de ses issues et transformée en impasse, dans ce cas l'accès d'une rue peut être considéré comme ayant été gravement modifié, mais l'accès particulier de la maison ne l'est pas ; à moins toutefois que la rue ne conserve pas une largeur qui permette aux voitures de tourner, car l'accès doit exister par voiture aussi bien qu'à pied.

Il importe d'ajouter que le dommage, pour légitimer une indemnité, doit être non-seulement direct et matériel, mais encore permanent; c'est ainsi que la gêne momentanée apportée à la circulation dans les rues pour certains travaux, quelque grave qu'elle puisse être, n'a jamais eté admise comme donnant droit à une indemnité, ce sont des charges corélatives aux avantages que procure la riveraineté des voies publiques.

Telles sont les règles qu'a depuis longtemps posées la jurisprudence ; eh ! bien, si l'on en rapproche les circonstances particulières de l'affaire actuelle, il est facile d'y apercevoir trois faits importants pouvant être la cause d'un dommage direct et matériel : c'est d'abord l'abaissement et l'exhaussement de la rue Jean-de-Beauvais sur certains points; en second lieu, l'irruption des eaux dans les caves et les boutiques à certains jours de grande pluie ; et enfin des modifications considérables apportées par les travaux de la Ville aux accès des maisons ; il y a là, dès à présent, sinon un dommage réel et matériel, chose que le Conseil ne doit pas préjuger, mais du moins possibilité d'un dommage direct et matériel, et dès lors l'expertise contradictoire est de rigueur.

Conformément à ces conclusions et en adoptant tous les motifs, le Conseil a rendu, dans son audience du 2 juin 1864, son arrêté qui ordonne la nomination d'experts à l'effet de rechercher si, par l'effet des travaux de la ville de Paris, les défendeurs ont éprouvé un dommage quelconque, etc.

(*Gazette des Tribunaux* des 5 et 7 juin 1864.)

2me *Espèce.*

ABAISSEMENT ET EXHAUSSEMENT DU SOL DE LA VOIE PUBLIQUE. — JUSTICE ADMINISTRATIVE.

Le dommage qu'un particulier éprouve dans sa propriété par l'effet de l'abaissement ou de l'exhaussement du sol de la voie publique, ne peut être assimilé à une expropriation partielle ; en conséquence, la demande en indemnité formée à raison de ce dommage est de la compétence administrative.

(Ordonnance du Conseil d'État, les 24 février 1842 et 28 mars 1843. — V. *Sirey*, 1843-2-362.)

3me *Espèce.*

DOMMAGE AUX TERRAINS VOISINS.

Le dommage causé à une propriété par l'expropriation du terrain voisin, doit être réglée non par le jury d'expropriation mais par l'autorité administrative, s'agissant non d'expropriation mais de simples dommages causés par des travaux publics.

(Arrêt de la Cour de cassation du 14 mai 1864).

CHAPITRE IX.

Plus-value des terrains que l'exécution des travaux doit procurer au restant de la propriété.

L'art. 51 de la loi du 3 mai 1841 qui veut que le jury, dans l'évaluation de l'indemnité d'expropriation, prenne en considération la plus-value que l'exécution des travaux doit procurer au restant de la propriété, ne l'autorise pas à aller jusqu'à compenser cette augmentation de valeur avec celle de la partie expropriée, de manière à refuser toute espèce d'indemnité aux propriétaires expropriés, ni à fixer une indemnité inférieure aux offres de l'administration.

Ainsi résolu par l'arrêt suivant :

DE GIRONDE contre PRÉFET DE LA HAUTE-GARONNE.

LA COUR, — au fond ;

« Vu les articles 39 et 51 de la loi du 3 mai 1841 :

« Attendu que si, aux termes du dernier de ces articles, le jury est autorisé à prendre en considération, pour la fixation de l'indemnité, l'augmentation de la valeur de la propriété par suite des travaux, il n'en est pas moins obligé, d'après le texte et l'esprit de ces articles, de fixer une indemnité quelconque.

« Attendu, d'un autre côté, qu'aux termes de l'art. 39, paragraphe dernier, l'indemnité ne peut, dans aucun cas, être inférieure aux offres de l'administration, et que les offres étaient dans l'espèce d'une somme de 173 francs.

« Attendu néanmoins que le jury, en émettant l'avis que cette indemnité était en rapport avec la valeur du terrain exproprié, ajoute immédiatement qu'en raison de l'augmentation de valeur que vont acquérir les propriétés de M. de Gironde, par l'ouverture du chemin, il est d'avis qu'il ne soit alloué aucune indemnité, en quoi ladite décision a expressément violé les articles ci-dessus cités, — casse, etc., etc. »

(Arrêt de la Cour de cassation du 26 janvier 1857. — V. *Sirey*, 1858, 1, 624.)

2me *Espèce.*

TERRAINS NE FAISANT POINT PARTIE DES PARCELLES EXPROPRIÉES. — PLUS-VALUE INAPPLICABLE.

La plus-value que l'expropriation doit donner aux biens

expropriés ne doit être prise en considération, dans la fixation de l'indemnité allouée à l'exproprié, qu'autant que ces biens forment le restant d'immeubles partiellement expropriés, et non quand ils constituent des immeubles distincts.

PERÉE DE CASTILLON contre PRÉFET DU GERS.

Cassation d'une décision du jury d'expropriation du canton de Condom, par le motif que le jury, dans son appréciation, avait pris en considération la plus-value des biens appartenant à l'exproprié, mais qui, bien que situés dans la même commune, ne faisaient point partie des parcelles expropriées.

(Arrêt de la Cour de cassation du 11 mai 1859. — V. *Sirey*, 1859, 1, 958.)

CHAPITRE X.

Justification de propriété par l'exproprié.

Le propriétaire exproprié pour cause d'utilité publique n'est pas tenu de toucher l'indemnité à lui allouée par le jury, de faire une justification complète de ses droits de propriété et d'établir qu'il n'y a pas d'inscription hypothécaire sur aucun des précédents propriétaires ; c'est à l'administration à établir qu'il y aurait danger pour elle à remettre à l'exproprié le montant de l'indemnité.

LA COMPAGNIE DU CHEMIN DE FER DE ROUEN AU HAVRE contre GODEFROY CANDON.

Godefroy Candon fut exproprié de quatre parcelles de terre nécessaires à l'exécution du chemin de fer de Rouen au Havre ; le jugement fut publié et affiché conformément à l'article 16 de la loi du 3 mai 1841, puis inscrit, et aucun tiers ne fit connaître à l'administration qu'il élevât aucune prétention relativement au prix de cet immeuble.

L'indemnité due pour la parcelle fut fixée par le jury à 6,789 fr. La Compagnie fit des offres réelles de cette somme au sieur Godefroy Candon, à la charge par lui de justifier, par actes réguliers, de ses droits de propriété aux parcelles expropriées sous son nom et de l'extinction de tous droits de privilèges, hypothèques, actions résolutoires et autres pouvant grever lesdites parcelles.

La Compagnie assigna Godefroy Candon en validité de ces offres; mais par jugement du Tribunal du Havre, du 1er avril 1846, elles furent déclarées nulles et de nul effet, et la Compagnie fut condamnée aux dépens.

Sur l'appel, la Cour royale de Rouen, par son arrêt du 3 juillet, a confirmé le jugement, en déclarant que la Compagnie du chemin de fer n'avait aucun motif légitime de refuser à Godefroy Candon le payement entre ses mains de la somme de 6,789 fr.

(V. *Sirey*, 1846, v. 1, fo 489).

CHAPITRE XI.

Renonciation par l'expropriant aux effets du jugement d'expropriation.

L'Etat qui fait prononcer contre un particulier une expropriation pour cause d'utilité publique ne peut, par sa seule volonté et contre le gré de l'exproprié, renoncer à l'effet du jugement d'expropriation, notamment au cas où le propriétaire exproprié d'une partie de sa maison, en usant de la faculté que lui accorde l'article 50 de la loi du 3 mai 1841, veut que l'expropriation s'étende à la maison toute entière.

(Jugement du Tribunal civil de Moissac du 14 janvier 1845. Confirmé par la Cour royale de Toulouse par son arrêt du 25 juillet 1846. — V. *Sirey* 1846, v. 2, 487).

2me *Espèce.*

Après que le jugement d'expropriation a acquis l'autorité de la chose jugée, l'expropriant ne peut, contre le gré de l'exproprié, renoncer à l'expropriation : celui-ci a donc le droit, malgré une telle renonciation, de poursuivre le règlement de l'indemnité.

Arrêt de cassation du 12 février 1841.

La Cour,

« Vu les art. 23-30-39 et 55 de la loi du 3 mai 1841,

« Attendu que l'expropriation dont il s'agit a été prononcée par un jugement qui a acquis l'autorité de la chose jugée ; qu'il est dès lors acquis aux deux parties, et que la renonciation de l'une d'elles ne saurait lier l'autre et lui enlever malgré elle le bénéfice de l'expropriation.

« Attendu que la Cour impériale saisie, en la Chambre du conseil, de la demande en désignation d'un jury, conformément aux articles 30 et 55 de la loi du 3 mai 1841, n'est point juge ni du motif ni de la portée de cette expropriation, non plus que de l'intérêt et du droit que les parties peuvent avoir ou prétendre à une indemnité, à raison de circonstances spéciales dans lesquelles elles peuvent se trouver ; qu'il lui appartient seulement d'examiner si elles ont qualité pour en poursuivre le règlement ; qu'elles ont nécessairement cette qualité lorsqu'elles sont, comme dans l'espèce, au nombre des parties que la loi regarde comme intéressées.

« Attendu que la Cour impériale, agissant dans la limite qui lui est tracée par la loi pour l'accomplissement d'une formalité, excède ses pouvoirs lorsque, appréciant les droits des parties, elle se fonde sur ces droits pour refuser à l'une d'elles la désignation d'un jury, que lui assurent la loi et le jugement d'expropriation; d'où il suit que, par le refus, l'arrêt attaqué a commis un excès de pouvoir et violé les articles ci-dessus visés.

« Casse l'arrêt de la Cour impériale de Paris rendu le 17 octobre 1860. » — (V. *Journal du Palais*, 1861, f° 984).

CHAPITRE XII.

Rachat de terrains par le propriétaire exproprié.

Lorsque l'autorité administrative a publié, dans les formes voulues par les art. 60 et 61 de la loi du 3 mai 1841, son intention de rétrocéder un terrain acquis pour des travaux d'utilité publique, mais qui n'a pas reçu cette destination, et que l'ancien propriétaire de ce terrain a déclaré, dans les trois mois, vouloir le racheter et a fait offre du prix auquel il entendait faire ce rachat, il n'appartient plus à l'administration de reprendre cette parcelle pour le service des travaux; il y a lieu de donner suite à la demande en rétrocession.

(Ainsi décidé par le Conseil d'Etat, dans sa séance du 4 août 1856. — Au rapport de M. Gourel).

CHAPITRE SUPPLÉMENTAIRE.

Industrie sur terrains contigus. — Locataire.

Lorsque, sur la demande d'une indemnité formée par l'exproprié à raison de la totalité de l'industrie par lui exercée, tant sur un terrain lui appartenant que sur un autre terrain réuni au premier et dont il n'était que locataire, le jury a alloué à cet exproprié une indemnité à raison de l'industrie qu'il exerce sur son propre terrain, cette allocation doit être réputée faite pour toute l'industrie de l'exproprié, sans distinction de celle exercée sur son propre terrain et celle exercée sur le terrain loué.

(Arrêt de la Cour de cassation du 8 août 1860. — *Journal du Palais*, 1861, f° 1191).

IMMEUBLES INDIVIS. — DROIT DES INTÉRESSÉS.

Le jugement qui prononce l'expropriation d'un immeuble appartenant par indivis à une veuve et à ses enfants, est nul lorsqu'il n'indique pas le nom de l'auteur commun, et se borne à mentionner la veuve comme seule propriétaire de l'immeuble exproprié.

Dans ce cas, les enfants copropriétaires sont fondés, bien que leur nom ne figure ni dans le jugement d'expropriation ni dans la procédure, à se pourvoir en cassation contre ce jugement, même après le délai légal, ce délai n'ayant pas couru contre eux, à défaut de notification à eux faite de ce jugement attaqué.

(Arrêt de la Cour de cassation du 20 juin 1860. — *Journal du Palais*, 1860, f° 265).

ARRÊTÉ DE CESSIBILITÉ. — LOCALITÉS OU TERRITOIRES. — ACTES LÉGAUX. — ÉQUIVALENTS.

L'arrêté du préfet qui détermine les propriétés à exproprier pour l'agrandissement d'une promenade publique et certains travaux à y exécuter, doit, à peine de nullité, être précédé de la désignation des localités ou territoires sur lesquels les travaux auront lieu, soit dans la loi ou le décret qui autorise l'exécution de ces travaux, soit, à défaut de désignation résultant de la loi ou du décret, dans un arrêté spécial du préfet. — Il ne peut être suppléé à cette désignation dans les actes qu'indique la loi, par une délibération du Conseil municipal déclarant qu'il y a utilité publique à supprimer certaines parties de la promenade, et à poursuivre par voie d'expropriation l'extinction de servitudes de passage et autres droits réels, que des propriétaires voisins y pourraient prétendre.

Cassation d'un jugement du Tribunal de 1re instance de la Seine du 24 janvier 1861, qui déclare exproprié pour cause d'utilité publique tous les droits réels qui, du chef de la dame Delcambre, peuvent exister sur les avenues de Séville et de Tolède, dépendant de l'ancien parc de Madrid, dans les lieux contestés.

(Arrêt de cassation du 28 mai 1860. — *Journal du Palais*, 1862, f° 237).

ALIGNEMENT. — PRÉEMPTION. — REFUS. — CONSTATATION.

La faculté accordée à l'administration lorsque, par suite d'alignement, un terrain vacant se trouve en dehors d'une propriété bâtie, d'exproprier le propriétaire qui n'use pas du droit de préemption que lui réserve, sur le terrain vacant, l'article 53 de la loi du 16 septembre 1807, ne peut être exercé qu'autant que ce jugement qui prononce l'expropriation au profit de l'administration, constate en même temps d'une manière précise le refus du propriétaire de profiter de son droit de préemption.

Et cette constatation ne résulte pas d'une manière suffisante de la simple énonciation du refus du propriétaire, sans indication de la substance ni de la date de l'acte qui constate ce refus, — alors surtout qu'il résulte des pièces produites par le propriétaire sur la sommation qui lui a été faite par l'administration, et répondu non point par un refus, mais par une offre d'acheter sous certaines conditions.

FEUILLOYS contre LA VILLE DE PARIS.

Arrêt de cassation du 8 avril 1861, d'un jugement d'expropriation pour cause d'utilité publique du Tribunal de 1re instance de la Seine du 24 janvier 1861.

(*Journal du Palais*, 1862, f° 76).

EFFETS DU JUGEMENT D'EXPROPRIATION SUR LES SERVITUDES.

La propriété d'un immeuble exproprié pour cause d'utilité publique passe définitivement en la personne de l'expropriant du moment même du jugement d'expropriation, et cela quand même l'exproprié y serait laissé même pendant plusieurs mois en possession de l'immeuble à défaut de paiement de l'indemnité à lui due.

En conséquence, toute action réelle et spécialement une action qui serait formée dans cet intervalle par le propriétaire d'un immeuble voisin, à fin de reconstruction à frais communs d'un mur mitoyen entre les deux immeubles, doit être dirigée contre l'expropriant et non contre l'exproprié.

GRANDRY contre MICHOT BLANCHARD.

Le sieur Michot Blanchard avait assigné les époux Grandry

pardevant le Tribunal de 1re instance d'Orléans, afin de voir ordonner qu'un mur mitoyen qui menaçait ruine et existant entre la maison du demandeur et celle des époux Grandry qui avait été expropriée pour cause d'utilité publique, serait reconstruit à frais communs, par le motif que la maison Grandry, bien qu'expropriée, était encore en la possession des défendeurs, le prix n'en ayant pas encore été payé ; — et le Tribunal d'Orléans accueillit cette demande du sieur Michot Blanchard par jugement du 25 août 1855. — Mais sur l'appel,

La Cour impériale d'Orléans a rendu l'arrêt suivant qui infirme le jugement précité :

« Attendu, en droit, que toute action réelle n'est valable qu'autant qu'elle est formée contre le véritable propriétaire de l'objet litigieux ;

« Attendu que l'action intentée en exécution de l'art. 655 du Code Napoléon, à fin de reconstruction à frais communs d'un mur mitoyen, est une action réelle ; que, dans ce cas, le demandeur doit s'adresser à celui qui est réellement copropriétaire du mur ; que celui-ci est seul tenu de contribuer à cette réédification, et a seul le droit d'user de la faculté que lui accorde l'art. 656 du même Code, de s'affranchir de cette obligation, en abandonnant la mitoyenneté du mur et la moitié du terrain sur lequel il est construit ; que cette obligation et cette faculté sont corelatives et ne peuvent être séparées ; que de là il suit que le simple possesseur qui n'a pas le droit d'user de cette faculté, ne saurait sans injustice être contraint de contribuer à la réédification de ce mur.

« Attendu, en fait, que, par jugement du Tribunal civil d'Orléans du 21 janvier 1845, la veuve Guinaud, mère de la dame Grandry, a été expropriée pour cause d'utilité publique, au profit de l'État, de la maison aujourd'hui possédée par les époux Grandry-Guinaud.

« Que ce jugement, signifié à la veuve Guinaud, le 17 février 1847, a été publié et transcrit conformément aux dispositions des art. 14, 15 et 17 de la loi du 3 mai 1841, sans avoir été attaqué par elle ; qu'il a ainsi acquis l'autorité de la chose jugée aux termes de l'art 20 de la même loi ; — qu'il suit de là que la propriété de la maison dont s'agit a été transférée dès 1845 entre les mains de l'État, sous la seule condition d'acquitter l'indemnité qui devait être fixée suivant les règles posées par les art. 29 et suivants de ladite loi.

« Qu'à son décès la veuve Guinaud n'a transmis à la dame Grandry, son héritière, que son droit à l'indemnité et à la possession de l'immeuble jusqu'au paiement réel de cette indemnité.

« Attendu que les époux Grandry ont *in limine litit* fait connaître au sieur Michot Blanchard, par la dénonciation du jugement d'expropriation précité qu'ils ne sont plus propriétaires de l'immeuble, et n'ont conservé qu'un droit de créance sur l'État dont ils poursuivent administrativement le paiement ;

« Que, dans ces circonstances, le sieur Michot Blanchard aurait dû s'adresser à l'État, propriétaire, et non aux époux Grandry, simples possesseurs. — Par ces motifs, déclare la demande de Michot Blanchard non recevable, etc., etc. »

(Du 13 novembre 1856. — V. *Sirey*, 1856.)

CONTESTATION SUR LA CONTENANCE INDIQUÉE.

CHEMIN DE FER DU MIDI contre DAYAU ET AUTRES.

LA COUR,

« Attendu que les parties étant divisées sur la véritable contenance de la parcelle expropriée ; que la simple indication de cette contenance dans l'état joint au jugement d'expropriation, état dressé hors la présence des expropriés, ne faisait pas preuve contre eux de la réalité de cette contenance; que, dans cette situation, le jury ne pouvait, sans excéder ses pouvoirs, ni prescrire une vérification, ni ordonner un sursis, qui n'était pas même demandé, ni prendre pour base définitive de l'indemnité l'allégation de l'une ou de l'autre des parties; qu'il a satisfait à sa mission en fixant, à raison de 1 franc 80 centimes par mètre, à une somme de 1,839 francs 22 centimes l'indemnité réclamée par Dayau et consorts pour 10 ares 22 centiares, contenance affirmée par eux de la pièce de terre dont ils étaient expropriés, et en réservant à la Compagnie le droit de faire vérifier l'exactitude de cette contenance; qu'en procédant ainsi, le jury de Bordeaux n'a pas violé la disposition de la loi précitée; qu'il s'est, au contraire, conformé à l'art. 39 de la loi du 3 mai 1841.

« Rejette le pourvoi de la Compagnie des chemins de fer du Midi et du Canal latéral de la Garonne contre la décision du jury de Bordeaux du 8 mai 1858 et contre l'ordonnance d'envoi en possession, du magistrat directeur du jury. »

(Arrêt de la Cour de cassation du 9 août 1858. *Président*, M. Bérenger).

CESSION AMIABLE. — SES EFFETS. — PROPRIÉTAIRE.

En cas de cession amiable d'un immeuble soumis à l'expropriation, la stipulation portant que l'indemnité sera réglée par le jury convoqué pour les jours déterminés, emporte dispense pour l'administration d'assigner le cédant devant le jury pour le même jour, et, par suite, de lui notifier la liste des jurés.

(Arrêt de la Cour de cassation du 26 novembre 1860. — V. *Journal du Palais,* 1861, f° 846).

Autre Espèce.

LOCATAIRES.

Le jugement qui donne acte à un propriétaire de son consentement à l'expropriation ainsi qu'à la prise de possesion des terrains, et qui renvoie devant le jury pour la fixation des indemnités dues tant au propriétaire qu'au locataire, a les mêmes effets qu'un jugement d'expropriation et ouvre au locataire le droit de poursuivre la désignation d'un jury, à défaut par l'expropriant d'avoir poursuivi lui-même le règlement de l'indemnité dans les six mois de ce jugement.

(V. l'arrêt de la Cour de cassation du 12 juin 1860.— *Journal du Palais*, 1861, f° 885).

INDEMNITÉ ALTERNATIVE.

La prétention de l'exproprié, même exprimée sous la forme de simples réserves, que la contenance du terrain exproprié est plus grande que celle portée au jugement d'expropriation, soulève, au cas de contestation de la part de l'expropriant, un litige au fond sur l'étendue du terrain exproprié; — dès lors le jury est tenu, à peine de nullité, de fixer une indemnité alternative, eu égard à la contenance indiquée et à cette prétention.

(Arrêt de la Cour de cassation du 1er août 1860. — *Journal du Palais*, 1860, f° 1168).

INDEMNITÉ COLLECTIVE CONSISTANT EN PRIX DE LOYER SANS FIXATION DE CHIFFRES. — VISITE DES LIEUX.

La décision du jury qui alloue, à titre d'indemnité, aux locataires d'une maison expropriée la jouissance gratuite des lieux, sans désigner nominativement les locataires, satisfait suffisamment à la règle qui veut que les indemnités accordées à plusieurs parties qui les réclament à titres différents soient distinctes. (Art. 39 de la loi du 3 mai 1841).

Au cas du transport du jury sur les lieux, l'annonce des jour et heure de cette visite, faite en audience publique, suffit pour que les parties mises à même d'assister à la visite, soient aussi mises à même d'assister à l'audience reprise à l'issue de cette visite. — (Loi du 3 mai 1841, art. 37).

Extrait d'un arrêt de la Cour de cassation du 11 août 1857.

La Cour,

« Sur le cinquième moyen :

« Attendu qu'aux termes de l'art. 39 de la loi du 3 mai 1841, le jury prononce des indemnités distinctes en faveur des parties qui le réclament à des titres différents.

Attendu qu'il a été suffisamment satisfait à cette disposition par la décision qui fait consister l'indemnité des divers locataires de la veuve Durand, dans la jouissance gratuite de leurs loyers jusqu'au 1er avril 1858, jouissance offerte par l'administration ; qu'il n'était point nécessaire, pour la régularité de cette décision, parfaitement claire et sans équivoque, que chacun des locataires fût nominativement désigné, alors surtout qu'il n'est nullement allégué par le demandeur, qu'une erreur quelconque ait été commise à l'égard de l'un des locataires.

« Sur le sixième moyen :

« Attendu qu'il résulte du procès-verbal qu'avant la clôture de l'instruction et en présence des parties, le jury a fait connaître son intention de se transporter sur les lieux; — que, deux heures environ plus tard, il est rentré en séance publique ; que rien n'indique que cette rentrée en audience publique, les parties intéressées suffisamment averties par les circonstances sus relatées, aient été absentes de l'audience ni que la faculté de présenter leurs observations leur ait été refusée; que le procès-verbal n'était pas tenu de s'expliquer sur la cause du silence qu'elles ont jugé à propos de garder ; qu'en déclarant que le jury, se trouvant en état de statuer sur les affaires à lui soumises, s'est retiré en la chambre du Conseil, le procès-verbal indique suffisamment à cet instant la clôture de l'instruction ; — d'où il suit que, de l'état des faits, ne résulte aucune violation des art. 37 et 38 de la loi du 3 mai 1841, rejette le pourvoi dirigé contre la décision rendue, le 11 mai 1857, par le jury d'expropriation de Brest, etc.

(Du 11 août 1857. — *Président* M. Bérenger ; concl. conf. M. Sevin, *avocat général*. — V. *Sirey*, 1857, 1re p. f° 861.)

Cour impériale. — Incompétence pour prononcer un jugement d'expropriation.

Est nul, comme entaché d'un excès de pouvoir et comme rendu en contravention des art. 14 et 20 de la loi du 3 mai 1841, l'arrêt par lequel une Cour, statuant sur l'appel formé par un procureur impérial contre le jugement refusant de prononcer une expropriation, prononce elle-même cette expropriation pour cause d'utilité publique et désigne le magistrat directeur du jury.

Aux termes de l'art. 14 de la loi précitée, en effet, c'est le Tribunal civil de l'arrondissement qui doit déclarer l'expropriation, et désigner le magistrat directeur ; et, d'après l'art. 20 de la même loi, le jugement que rendent en cette matière les Tribunaux de 1re instance, ne sont susceptibles que d'un seul recours, le pourvoi en cassation.

Cassation, dans l'intérêt de la loi seulement, au rapport de M. le conseiller Leroux de Bretagne, et sur les conclusions orales de M. le procureur général Dupin, données à l'appui du réquisitoire écrit présenté à la Cour par M. le procureur général, d'un arrêt de la Cour impériale de Metz, en date du 15 janvier 1863, passé en force de chose jugée.

(Extrait de la *Gazette des Tribunaux* du 22 juin 1864).

POURVOI EN CASSATION. — CONSIGNATION D'AMENDE.

Le pourvoi en cassation est recevable, bien qu'il n'ait pas été accompagné d'une consignation d'amende, si d'ailleurs cette amende a été consignée avant l'époque où l'affaire a été dans le cas de recevoir jugement. (Arrêt de la Cour de cassation du 2 janvier 1843. — V. *Sirey*, 1843-1-220).

2me *Espèce*.

Est non recevable le pourvoi en cassation en matière d'expropriation pour cause d'utilité publique qui n'a pas été suivi du dépôt des pièces dans la quinzaine de la notification. (Arrêt de cassation du 1er mars 1843. — V. *Sirey* 1843-1-520).

MINISTÈRE D'AVOUÉ A LA CHARGE DE L'EXPROPRIANT.

Le ministère des avoués est exclu dans les procédures d'expropriation pour cause d'utilité publique (sauf l'exception écrite dans le titre VII de la loi du 3 mai 1841 relatif à la prise de possession en cas d'urgence); par suite, l'avoué qui a procédé, au nom du préfet, doit être réputé avoir agi comme simple mandataire et reste soumis, pour la rémunération de ses travaux, aux règles et à la juridiction imposée aux agents de l'administration.

(Arrêt de la Cour impériale de Paris du 4 février 1854. — V. *Sirey* 1854, 139, et *Ibid*. 1855, 283).

FEMME DOTALE. — DÉLAI. — COMPARUTION. — CASSATION.

L'inobservance des délais accordés à l'exproprié par la

loi pour délibérer sur les offres à lui faites, entraîne la nullité de la décision du jury fixant prématurément l'indemnité due, et cette nullité peut être invoquée pour la première fois devant la Cour de cassation, alors que la partie a comparu devant le jury et a discuté les offres à elle faites.

Il en est ainsi spécialement, en cas d'inobservation, du délai d'un mois accordé à la femme mariée sous le régime dotal, encore bien que la femme n'ait pas fait connaître sa qualité et que l'expropriation n'ait été prononcée que contre le mari, seul porté sur la matrice des rôles, comme propriétaire de l'immeuble exproprié ; alors d'ailleurs que l'expropriant a également notifié ses offres à la femme en la désignant comme propriétaire réel de l'immeuble (Cassation du 12 juin 1860. — V. *Journal du Palais*, 1861, f° 267.

Autre Espèce.

La femme est fondée à demander l'annulation de la décision du jury qui a fixé l'indemnité due pour l'expropriation d'un immeuble à elle appartenant, alors que, seule inscrite à la matrice des rôles, elle est cependant demeurée étrangère à toute la procédure d'expropriation, et que c'est son mari qui a été appelé et auquel l'indemnité a été accordée.

(Arrêt de cassation au rapport du 3 juillet 1864. — V. *Gazette des Tribunaux* du 4 juillet 1864).

PROCÈS VERBAL. — PREUVE CONTRAIRE. — INSCRIPTION DE FAUX. — VISITE DES LIEUX.

Il n'est pas permis de faire, preuve soit contre, soit outre le contenu du procès-verbal des opérations du jury, d'allégations ne reposant que sur de simples certificats émanés de quelques-uns des jurés. (Loi du 3 mai 1841, art. 38).

Ce procès-verbal ne saurait non plus être attaqué par la

voie de l'inscription de faux, à raison de ce qu'il ne mentionnerait pas une visite des lieux faite par les jurés sans prestation préalable de serment; une telle mesure étant présumée, surtout en l'absence de toute réclamation des parties, avoir un caractère purement officieux et non celui d'un acte d'instruction. (Même loi, art. 35 et 37).

SARDOU contre CHEMIN DE FER DE LYON.

LA COUR,

« Attendu que, pour justifier le moyen unique du pourvoi pris de la violation de l'art 36 de la loi du 3 mai 1841, Sardou a demandé à être admis à prouver qu'après l'ajournement des opérations prononcé par le magistrat directeur, le 29 mai, à 11 heures du matin, à la suite du 1er appel des jurés, ceux-ci se seraient transportés à Cannes et à la Napoulle, pour visiter les lieux contentieux, sans avoir préalablement prêté serment, formalité qui n'a été remplie que le 30 mai, après la constitution du jury de jugement. — Attendu qu'il n'existe aucune mention de ce transport des jurés dans le procès-verbal des opérations du jury dressé par le magistrat directeur et que les parties présentes n'ont fait aucune réquisition ni réclamation à ce sujet. — Attendu que la présomption légale qui investit le procès-verbal du magistrat ne permet pas de recevoir, soit contre, soit outre le contenu de cet acte, la preuve d'allégations qui ne reposent, dans l'espèce, que sur des certificats sans valeur en justice.

Sur la demande subsidiaire de Sardou, tendant à obtenir l'autorisation de s'incrire en faux contre le procès-verbal du magistrat directeur. — Attendu que les circonstances d'où résulteraient l'infraction à la loi qui sert de fondement au pourvoi, ne se présentent point avec des indices et des caractères de vraisemblance assez graves pour ébranler la foi due au procès-verbal des opérations du jury; que si les jurés se sont rendus sur les lieux contentieux à l'époque indiquée, la présomption de droit est que ce transport des jurés n'aurait point eu le caractère d'une opération légale, d'un acte d'instruction pour lequel ils auraient été sans qualité avant leur constitution en jury de jugement, et leur prestation de serment; que l'absence de toute constatation et de toute réclamation des parties à cet égard, donne la plus grande force à cette présomption, suivant laquelle il n'y aurait eu, dans tous les cas, de la part des jurés, qu'une démarche privée, purement officieuse et sans portée légale; par ces motifs, dit qu'il n'y a lieu d'admettre le demandeur à s'inscrire en faux contre le procès-verbal des opérations du jury; rejette le pourvoi.

(Arrêt du 21 août 1060, ch. civ. – *Prés.* M. PASCALIS.)

IMMEUBLES INDIVIS. — DÉFAUT DE CONSENTEMENT DE L'UN DES PROPRIÉTAIRES A L'EXPROPRIATION TOTALE. — INDEMNITÉ UNIQUE. — NULLITÉ.

Dans le cas où l'un des propriétaires d'un immeuble indivis exproprié seulement pour une partie consent, mais sans le concours ou le mandat de son copropriétaire, à l'extension de l'expropriation à d'autres parties de l'immeuble, la décision du jury qui fixe une indemnité unique tant pour la partie comprise au jugement d'expropriation que pour celle qui y a été ajoutée, est nulle pour le tout, même à l'égard du copropriétaire qui a consenti à l'aliénation.

(Arrêt de la Cour de cassation du 13 février 1861. — *V. Journal du Palais*, 1861, f° 902.)

CONTENANCE INDIQUÉE INFÉRIEURE A LA CONTENANCE RÉELLE. — MAGISTRAT DIRECTEUR DU JURY.

Le propriétaire qui n'a pas réclamé, sur le procès-verbal ouvert à la mairie, contre la contenance attribuée au terrain dont il est exproprié, n'est plus recevable à élever cette réclamation devant le jury.

Mais le magistrat directeur n'excède pas ses pouvoirs en lui donnant acte de ses réserves, ce qui n'empêche pas que l'indemnité fixée par le jury, d'après la contenance indiquée au jugement d'expropriation, ne reste définitive.

(Arrêt de la Cour de cassation du 9 février 1846. — V. *Sirey*, 1846, v. 1er, fo 224.)

LOI DU 3 MAI 1841

SUR

l'Expropriation pour cause d'utilité publique.

TITRE I.

Dispositions préliminaires.

ARTICLE PREMIER.

L'expropriation pour cause d'utilité publique s'opère par autorité de justice.

ARTICLE 2.

Les tribunaux ne peuvent prononcer l'expropriation qu'autant que l'utilité en a été constatée et déclarée dans les formes prescrites par la présente loi.

Ces formes consistent :

1° Dans la loi ou l'ordonnance royale qui autorise l'exécution des travaux pour lesquels l'expropriation est requise ;

2° Dans l'acte du préfet qui désigne les localités ou territoires sur lesquels les travaux doivent avoir lieu, lorsque cette désignation ne résulte pas de la loi ou de l'ordonnance royale ;

3° Dans l'arrêté ultérieur dans lequel le préfet détermine les propriétés particulières auxquelles l'expropriation est applicable.

Cette application ne peut être faite à aucune propriété

particulière qu'autant que les parties intéressées ont été mises en état d'y fournir leurs contredits, selon les règles exprimées au titre II.

ARTICLE 3.

Tous grands travaux publics, routes royales, canaux, chemins de fer, canalisation de rivières, bassins et docks, entrepris par l'Etat ou par Compagnies particulières, avec ou sans péage, avec ou sans subsides du Trésor, avec ou sans aliénation du Domaine public, ne pourront être exécutés qu'en vertu d'une loi qui ne sera rendue qu'après une enquête administrative.

Une ordonnance royale suffira pour autoriser l'exécution des routes, des canaux, des chemins de fer d'embranchement de moins de vingt mille mètres de longueur, de ponts, et de tous autres travaux de moindre importance.

Cette ordonnance devra également être précédée d'une enquête.

Ces enquêtes auront lieu dans les formes déterminées par un règlement d'administration publique.

TITRE II.

Des mesures administratives relatives à l'Expropriation.

ARTICLE 4.

Les ingénieurs ou autres gens de l'art chargés de l'exécution des travaux, lèvent, pour la partie qui s'étend sur chaque commune, le plan parcellaire des terrains ou des édifices dont la cession leur paraît nécessaire.

Article 5.

Le plan desdites propriétés particulières, indicatif des noms de chaque propriétaire tels qu'ils sont inscrits sur la matrice des rôles, reste déposé pendant huit jours au moins à la mairie de la commune où les propriétés sont situées, afin que chacun puisse en prendre connaissance.

Article 6.

Le délai fixé à l'article précédent ne court qu'à dater de l'avertissement qui est donné collectivement aux parties intéressées de prendre communication du plan déposé à la mairie.

Cet avertissement est publié à son de trompe ou de caisse dans les communes, et affiché tant à la principale porte de l'église du lieu qu'à celle de la maison commune; il est, en outre, inséré dans l'un des journaux du chef-lieu d'arrondissement ou de département.

Article 7.

Le maire certifie ces publications et affiches. Il mentionne sur un procès-verbal qu'il ouvre à cet effet, et que les parties qui comparaissent sont requises de signer, les déclarations et réclamations qui lui ont été faites verbalement, et y annexe celles qui lui auront éte faites par écrit.

Article 8.

A l'expiration du délai de huitaine prescrit par l'art. 5, une commission se réunit au chef-lieu de la sous-préfecture.

Cette commission, présidée par le sous-préfet de l'arrondissement, sera composée de quatre membres du Conseil général du département ou du Conseil d'arrondissement désigné par le préfet, du maire de la commune où les propriétés sont situées, et de l'un des ingénieurs chargés de l'exécution des travaux.

La commission ne peut délibérer valablement qu'autant que cinq de ses membres au moins sont présents; dans le cas où le nombre des membres présents serait de six, et où il y aura partage, la voix du président sera prépondérante.

Les propriétaires qu'il s'agit d'exproprier ne peuvent être appelés à faire partie de la commission.

Article 9.

La commission reçoit pendant huit jours les observations des propriétaires; elle les appelle toutes les fois qu'elle le juge convenable, et donne son avis; ses opérations doivent être terminées dans le délai de dix jours, après quoi le procès-verbal est adressé immédiatement par le sous-préfet au préfet.

Dans le cas où lesdites opérations n'auraient pas été mises à fin dans le délai ci-dessus, le sous-préfet devra, dans les trois jours, transmettre au préfet son procès-verbal et les documents recueillis.

Article 10.

Si la commission propose quelques changements au tracé indiqué par les ingénieurs, le sous-préfet devra, en la forme indiquée par l'art. 6, en donner immédiatement avis aux propriétaires que les changements peuvent intéresser.

Pendant huitaine à partir de cet avertissement, le procès-verbal et les pièces resteront déposés à la sous-préfecture; les parties intéressées pourront en prendre communication sans déplacement et sans frais, et fournir leurs déclarations écrites. Dans les trois jours suivants, le sous-préfet transmettra toutes les pièces à la préfecture.

ARTICLE 11.

Sur le vu du procès-verbal et des documents annexés, le préfet détermine par un arrêté motivé les propriétés qui doivent être cédées, et indique l'époque à laquelle il sera nécessaire d'en prendre possession.

Toutefois, dans le cas où il résulterait de l'avis de la commission qu'il y aurait lieu de modifier le tracé des travaux ordonnés, le préfet sursoiera jusqu'à ce qu'il ait été prononcé par l'administration supérieure.

L'administration pourra, suivant les circonstances, ou statuer définitivement, ou ordonner qu'il soit procédé de nouveau à tout ou partie des formalités prescrites par les articles précédents.

ARTICLE 12.

Les dispositions des art. 8, 9 et 10 ne sont point applicables au cas où l'expropriation serait demandée par une commune et dans un intérêt purement communal, non plus qu'aux travaux d'ouverture ou de redressement purement communaux.

Dans ce cas, le procès-verbal prescrit par l'art. 7 est transmis, avec l'avis du Conseil municipal, par le maire au sous-préfet, qui l'adressera au préfet avec ses observations.

Le préfet, en Conseil de préfecture, sur le vu du procès-verbal, et sauf l'approbation de l'administration supérieure, prononcera comme il est dit en l'article précédent.

TITRE III.

De l'Expropriation et de ses suites quant aux priviléges hypothétiques et autres droits réels.

ARTICLE 13.

Si des biens d'interdits ou d'absents ou d'autres incapables sont compris dans les plans déposés en vertu de l'art. 5 ou dans les modifications admises par l'administration supérieure, aux termes de l'art. 11 de la présente loi, les tuteurs, ceux qui ont été envoyés en possession provisoire, et tous représentants des incapables, peuvent, après autorisation du Tribunal donnée sur simple requête, en la Chambre du conseil, le ministère public entendu, consentir amiablement à l'aliénation desdits biens; le Tribunal ordonne les mesures de conservation ou de réemploi qu'il juge nécessaires; ces dispositions sont applicables aux immeubles dotaux et aux majorats.

Les préfets pourront, dans les mêmes cas, aliéner les biens des départements, s'ils y sont autorisés par délibération du Conseil général; les maires ou administrateurs pourront aliéner les biens des communes ou établissements publics, s'ils y sont autorisés par délibération du Conseil municipal approuvé par le préfet en Conseil de préfecture.

Le ministre des finances peut consentir à l'aliénation des biens de l'État ou de ceux qui font partie de la dotation de la Couronne, sur la proposition de l'intendant de la liste civile.

A défaut de conventions amiables, soit avec les propriétaires des terrains ou bâtiments dont la cession est reconnue nécessaire, soit avec ceux qui les représentent, le préfet transmet au procureur du roi dans le ressort duquel les biens sont situés la loi ou l'ordonnance qui autorise l'exécution des travaux et l'arrêté mentionné en l'art. 11.

ARTICLE 14.

Dans les trois jours, et sur la production des pièces constatant que les formalités prescrites par l'art. 2 du titre Ier et par le titre II de la présente loi auront été remplies, le procureur du roi requiert et le Tribunal prononce l'expropriation, pour cause d'utilité publique, des terrains et bâtiments indiqués dans l'arrêté du préfet.

Si, dans l'année de l'arrêté du préfet, l'administration n'a pas poursuivi l'expropriation, tout propriétaire dont les terrains sont compris dans l'expropriation peut présenter requête au Tribunal.

Cette requête sera communiquée par le procureur du roi au préfet, qui devra, dans le plus bref délai, envoyer les pièces, et le Tribunal statuera dans les trois jours.

Le même jugement commet un des membres du Tribunal pour remplir les fonctions attribuées par l'art. 2, chap. IV, au magistrat directeur du jury chargé de fixer l'indemnité, et désigne un autre membre pour le remplacer au besoin.

En cas d'absence ou d'empêchement de ces deux magistrats, il sera pourvu à leur remplacement par une ordonnance sur requête du président du Tribunal civil.

Dans le cas où les propriétaires à exproprier consentiraient à la cession, mais où il n'y aurait pas accord sur le prix, le Tribunal donnera acte du consentement, et désignera le magistrat directeur du jury sans qu'il soit besoin de rendre le jugement d'expropriation, ni de s'assurer si les formalités prescrites par l'art. 11 ont été remplies.

ARTICLE 15.

Le jugement est publié et affiché par extrait dans la commune de la situation des biens, de la manière indiquée en l'art. 6. Il est, en outre, inséré dans l'un des journaux de l'arrondissement ou dans l'un de ceux du chef-lieu du département.

Cet extrait, contenant les noms des propriétaires, les motifs et le dispositif de ce jugement, leur est notifié au domicile qu'ils auront élu dans l'arrondissement de la situation des lieux, par une déclaration faite à la mairie de la commune où les biens sont situés, et dans le cas où cette élection de domicile n'aurait pas eu lieu, la notification de l'extrait sera faite en double copie au maire et au fermier, locataire, gardien ou régisseur de la propriété.

Toutes autres notifications prescrites par la présente loi seront faites dans la forme ci-dessus indiquée.

Article 16.

Le jugement sera, immédiatement après l'accomplissement des formalités prescrites par l'art. 15, transcrit au bureau de la conservation des hypothèques de l'arrondissement, conformément à l'art. 2181 du Code civil.

Article 17.

Dans la quinzaine de la transcription, les priviléges et les hypothèques conventionnelles, judiciaires ou légales seront inscrits.

A défaut d'inscription, l'immeuble exproprié sera affranchi de tous priviléges et hypothèques de quelque nature qu'ils soient, sans préjudice du droit des femmes, mineurs et interdits sur le montant de l'indemnité tant qu'il n'aura pas été payé, ou que l'ordre n'a pas été réglé définitivement.

Les créanciers inscrits n'auront dans aucun cas la faculté de surenchérir, mais ils pourront exiger que l'indemnité soit fixée conformément au titre IV.

Article 18.

Les actions en résolution, en revendication, et toutes

autres actions réelles, ne pourront arrêter l'expropriation ni en empêcher l'effet; le droit des réclamants sera transporté sur le prix et l'immeuble en demeurera affranchi.

Article 19.

Les règles posées dans le 1er paragraphe de l'art. 15 et dans les art. 16, 17 et 18 sont applicables dans le cas de conventions amiables passées entre l'administration et les propriétaires.

Cependant l'administration peut, sauf les droits des tiers, et sans accomplir les formalités ci-dessus tracées, payer le prix des acquisitions dont la valeur ne s'élèverait pas au-dessus de cinq cents francs.

Le défaut d'accomplissement des formalités de la purge des hypothèques n'empêche pas l'expropriation d'avoir son cours, sauf, par les parties intéressées, à faire valoir leurs droits ultérieurement dans les formes déterminées par le titre IV de la présente loi.

Article 20.

Le jugement ne pourra être attaqué que par la voie du recours en cassation et seulement pour incompétence, excès de pouvoir ou vice de forme du jugement; le pourvoi aura lieu dans les trois jours à dater de celui de la notification du jugement par déclaration au greffe; il sera notifié dans la huitaine, soit à la partie au domicile indiqué dans l'art. 15, soit au préfet ou au maire, suivant la nature des travaux; le tout à peine de déchéance.

Dans la quinzaine de la notification du pourvoi les pièces seront adressées à la Chambre civile de la Cour de cassation qui statuera dans le mois suivant.

L'arrêt, s'il est rendu par défaut, à l'expiration de ce délai, ne sera pas susceptible d'opposition.

TITRE IV.

Du règlement des Indemnités.

CHAPITRE PREMIER.

Mesures préparatoires.

ARTICLE 21.

Dans la huitaine qui suit la notification prescrite par l'art. 15, le propriétaire est tenu d'appeler et de faire connaître à l'administration, les locataires, ceux qui ont des droits d'usurfruit ou d'usage, tels qu'ils sont réglés par le Code Civil et ceux qui peuvent réclamer des servitudes, résultant des titres même de propriété, sinon, il restera seul chargé envers eux des indemnités que ces derniers pourront réclamer; les autres intéressés seront en demeure de faire valoir leurs droits, par l'avertissement énoncé en l'art. 6, et tenus de le faire connaître à l'administration dans le délai de huitaine, à défaut de quoi ils seront déchus de leurs droits à l'indemnité.

ARTICLE 22

Les dispositions de la présente loi relatives aux propriétaires, sont applicables à l'usufruitier et à ses créanciers.

ARTICLE 23.

L'administration notifie aux propriétaires, aux créanciers inscrits, et à tous autres intéressés qui auront été désignés ou qui sont intervenus en vertu des art. 21 et 22, les sommes qu'elle offre pour indemnité.

ARTICLE 24.

Dans la quinzaine suivante les propriétaires et autres intéressés sont tenus de déclarer leur acceptation, ou, s'ils n'acceptent les offres qui leur sont faites, d'indiquer le montant de leurs prétentions.

ARTICLE 25.

Les femmes mariées sous le régime dotal assistées de leurs maris, les tuteurs, ceux qui ont été envoyés en possession provisoire des biens d'un absent et autres personnes qui représentent les incapables, peuvent verbalement accepter les offres faites en vertu de l'art 23, s'ils y sont autorisés dans les formes prescrites par l'art. 13.

ARTICLE 26.

Le ministre des Finances, les préfets, les maires ou administrateurs peuvent accepter les offres d'indemnité pour l'expropriation des biens appartenant à l'État, à la Couronne, aux départements, aux communes ou établissements publics, dans les formes et avec les autorisations prescrites par l'art. 13.

ARTICLE 27.

Le délai de quinzaine fixé par l'art. 24 sera d'un mois dans les cas prévus par les art. 25 et 26.

CHAPITRE II.

Du Jury spécial chargé de régler les Indemnités.

ARTICLE 28.

Si les offres de l'administration ne sont pas acceptées dans les délais prescrits par les art. 24 et 27, l'administration citera devant le jury, qui sera convoqué à cet effet, les propriétaires ou tous autres intéressés qui auront été désignés ou qui seront intervenus, pour qu'il soit procédé au règlement de l'indemnité de la manière indiquée au chapitre suivant. La citation contiendra l'énonciation des offres qui auront été refusées.

Article 29.

Dans sa session annuelle, le Conseil général du département désigne, pour chaque arrondissement de sous-préfecture, tant sur la liste des électeurs que sur la seconde partie de la liste du jury, trente-six personnes au moins et soixante-douze au plus qui ont leur domicile réel dans l'arrondissement, parmi lesquelles sont choisis, jusqu'à la session suivante ordinaire du Conseil général, les membres du jury spécial appelé, le cas échéant, à régler les indemnités dues par suite d'expropriation pour cause d'utilité publique ; le nombre des jurés désignés pour le département de la Seine sera de six cents.

Article 30.

Toutes les fois qu'il y a lieu de recourir à un jury spécial, la première Chambre de la Cour royale, dans les départements qui sont le siége d'une Cour royale, et, dans les autres départements, la première Chambre du Tribunal du chef-lieu judiciaire, choisit en la chambre du Conseil sur la liste dressée en vertu de l'article précédent, pour l'arrondissement dans lequel ont lieu les expropriations, seize personnes qui formeront le jury spécial chargé de fixer définitivement le montant de l'indemnité, et en outre quatre jurés supplémentaires.

Pendant les vacances, ce choix est déféré à la chambre de la Cour ou du Tribunal chargé du service des vacations.

En cas d'abstention ou de récusation des membres du Tribunal, le choix du jury est déféré à la Cour royale.

Ne peuvent être choisis:

1° Les propriétaires, fermiers, locataires des terrains et bâtiments désignés en l'arrêté du préfet pris en vertu de l'art. 11 et qui restent à acquérir.

2° Les créanciers ayant inscription sur lesdits immeubles.

3° Tous autres intéressés désignés ou intervenant en vertu des art. 22 et 23.

Les septuagénaires seront dispensés, s'ils le requièrent, des fonctions de juré.

Article 31.

La liste des seize jurés et de quatre jurés supplémentaires est transmise par le préfet, qui, après s'être concerté avec le magistrat directeur du jury, convoque les jurés et les parties, en leur indiquant au moins huit jours à l'avance le lieu et le jour de la réunion; la notification aux parties leur fait connaître les noms des jurés.

Article 32.

Tout juré qui, sans motifs légitimes, manque à l'une des séances ou refuse de prendre part à la délibération, encourt une amende de cent francs au moins et de trois cents francs au plus.

L'amende est prononcée par le magistrat directeur du jury; il statue en dernier ressort sur l'opposition qui serait formée par le juré condamné.

Il prononce également sur les causes d'empêchement que les jurés proposent, ainsi que sur les exclusions ou incompatibilités dont les causes ne seraient survenues ou n'auraient été connues que postérieurement à la désignation faite en vertu de l'art. 30.

ARTICLE 33.

« Ceux des jurés qui se trouveront rayés de la liste par suite des empêchements, exclusions et incompatibilités prévus à l'art. précédent, sont immédiatement remplacés par les jurés supplémentaires que le magistrat directeur du jury appelle dans l'ordre de leur inscription.

En cas d'insuffisance, le Tribunal de l'arrondissement choisit sur la liste dressée en vertu de l'art. 29, les personnes nécessaires pour compléter le nombre des autres jurés.

ARTICLE 34.

Le magistrat directeur du jury est assisté, auprès du jury spécial, par le greffier ou commis greffier qui appelle successivement les causes sur lesquelles le jury doit statuer. et tient procès-verbal des opérations ; lors de l'appel l'administration a le droit d'exercer deux récusations ; la partie a le même droit. Dans le cas où plusieurs intéresses figurent dans le même affaire, ils s'entendent pour l'exercice du droit de recusation, sinon le sort désigne ceux qui doivent en user.

Si le droit de récusation n'est point exercé ou s'il ne l'est que partiellement, le magistrat directeur du jury procède à la réduction des jurés au nombre de douze, en retranchant les derniers inscrits sur la liste.

ARTICLE 35.

Le jury spécial n'est constitué que lorsque les douze jurés sont présents.

Les jurés ne peuvent délibérer valablement qu'au nombre de neuf au moins.

ARTICLE 36.

Lorsque le jury est constitué, chaque juré prête serment de remplir ses fonctions avec impartialité.

ARTICLE 37.

Le magistrat directeur met sous les yeux du jury :

1° Le tableau des offres et demandes notifiées en éxécution des art. 23 et 24.

2° Les plans parcellaires et les titres ou autres documents produits par les parties, à l'appui de leurs offres et demandes.

Les parties ou leurs fondés de pouvoir peuvent présenter sommairement leurs observations.

Le jury pourra entendre toutes les personnes qu'il croira pouvoir l'éclairer.

Il pourra également se transporter sur les lieux, ou déléguer à cet effet un ou plusieurs de ses membres.

La discussion est publique; elle peut être continuée à une autre séance.

ARTICLE 38.

La clôture de l'instruction est prononcée par le magistrat directeur du jury ; les jurés se retirent immédiatement dans leur chambre pour délibérer sans désemparer, sous la présidence de l'un d'eux qu'ils délèguent à l'instant même. La décision du jury fixe l'indemnité ; elle est prise à la majorité des voix. En cas de partage, la voix du président est prépondérante.

ARTICLE 39.

Le jury prononce des indemnités distinctes en faveur des parties qui les réclament à des titres différents, comme propriétaires, fermiers, locataires et autres intéressés dont il est parlé à l'art. 21 et suiv.

Dans le cas d'usufruit, une seule indemnité est fixée par le jury, eu égard à la valeur totale de l'immeuble.

Le nupropriétaire et l'usufruitier exerçent leurs droits sur le montant de l'indemnité, au lieu de l'exercer sur la chose.

L'usufruitier sera tenu de donner caution ; en seront seuls dispensés les pères et mères ayant l'usufruit de leurs enfants.

Lorsqu'il y a litige sur le fond du droit ou la qualité des réclamants, et toutes les fois qu'il s'élève des difficultés étrangères à la fixation du montant de l'indemnité, le jury règle les indemnités indépendamment de ces difficultés, sur lesquelles les parties seront renvoyées à se pourvoir devant qui de droit.

L'indemnité allouée par le jury ne peut, dans aucun cas, être inférieure aux offres de l'administration, ni supérieure à la demande de la partie intéressée.

Article 40.

Si l'indemnité réglée par le jury ne dépasse pas l'offre de l'administration, les parties qui l'auront refusée seront condamnées aux dépens.

Si l'indemnité est égale à la demande des parties, l'administration sera condamnée aux dépens.

Si l'indemnité est à la fois supérieure à l'offre de l'administration et inférieure à la demande des parties, les dépens seront compensés, de manière à être supportés par les parties et l'administration dans les proportions de leur offre ou de leur demande avec la décision du jury.

Tout indemnitaire ne se trouvant pas dans le cas des art. 25 et 26, sera condamné aux dépens, quelle que soit l'estimation ultérieure du jury, s'il a omis de se conformer aux dispositions de l'art. 24.

Article 41.

La décision du jury, signée des membres qui y ont concouru, est remise par le président au magistrat directeur qui la déclare exécutoire, statue sur les dépens, et envoie l'administration en possession de la propriété, à la charge par elle de se conformer aux dispositions des art. 53, 54 et suivants.

Ce magistrat taxe les dépens dont le tarif est déterminé par un règlement d'administration publique.

La taxe ne comprendra que les actes faits postérieurement à l'offre de l'administration ; les frais des actes antérieurs demeurent dans tous les cas à la charge de l'administration.

Article 42.

La décision du jury et l'ordonnance du magistrat directeur ne peuvent être attaquées que par la voie du recours en cassation, et seulement pour violation du premier paragraphe de l'art. 30, de l'art. 31, des deuxième et quatrième paragraphes de l'art. 34, et des articles 35, 36, 37, 38, 39 et 40.

Le délai sera de quinze jours pour le recours, qui sera d'ailleurs notifié et jugé comme il est dit à l'art. 20.

Il courra à partir du jour de la décision.

Arlicle 43.

Lorsqu'une décision du jury aura été cassée; l'affaire sera renvoyée devant un nouveau jury choisi dans le même arrondissement.

Néanmoins la Cour de cassation pourra, suivant les circonstances, renvoyer l'appréciation de l'indemnité à un jury choisi dans un des arrondissements voisins, quand même il appartiendrait à un autre département ; il sera procédé à cet effet conformément à l'art. 30.

Article 44.

Le jury ne connaît que des affaires dont il a été saisi au moment de la convocation et statue successivement et sans interruption sur chacune de ces affaires ; il ne peut se séparer qu'après avoir réglé toutes les indemnités dont la fixation lui a été déférée.

ARTICLE 45.

Les opérations commencées par un jury et qui ne sont pas encore terminées au moment du renouvellement annuel de la liste générale mentionné à l'art. 29, sont continuées jusqu'à conclusion définitive par le même jury.

ARTICLE 46.

Après la clôture des opérations du jury, les minutes de ses décisions et les autres pièces qui se rattachent auxdites opérations sont déposées au greffe du Tribunal civil de l'arrondissement.

ARTICLE 47.

Les noms des jurés qui auront fait le service d'une session ne pourront être portés sur le tableau dressé par le Conseil général pour l'année suivante.

CHAPITRE III.

Des règles à suivre pour la fixation des Indemnités.

ARTICLE 48.

Le jury est juge de la sincérité des titres et de l'effet des actes qui seront de nature à modifier l'évaluation de l'indemnité.

ARTICLE 49.

Dans le cas où l'administration contesterait au détenteur exproprié le droit à une indemnité, le jury, sans s'arrêter à la contestation, dont il renvoie le jugement devant qui de droit, fixe l'indemnité comme si elle était due, et le magistrat directeur du jury en ordonne la consignation, pour, ladite indemnité rester déposée, jusqu'à ce que les parties se soient entendues ou que le litige soit vidé.

ARTICLE 50.

Les bâtiments dont il est nécessaire d'acquérir une portion pour cause d'utilité publique seront achetés en entier, si les propriétaires le requièrent par une déclaration formelle adressée au magistrat directeur du jury dans les délais énoncés aux art. 24 et 27.

Il en sera de même de toute parcelle de terrain qui, par suite de morcellement, serait réduite au quart de la contenance totale, si toutefois le propriétaire ne possède aucun terrain immédiatement contigu, et si la parcelle ainsi réduite est inférieure à dix ares.

ARTICLE 51.

Si l'exécution des travaux doit procurer une augmentation de valeur immédiate et spéciale au restant de la propriété, cette augmentation sera prise en considération dans l'évaluation du montant de l'indemnité.

ARTICLE 52.

Les constructions, plantations et améliorations ne donneront lieu à aucune indemnité, lorsqu'à raison de l'époque où elles auront été faites, ou de toutes autres circonstances dont l'appréciation lui est abandonnée, le jury acquiert la conviction qu'elles ont été faites en vue d'obtenir une indemnité plus élevée.

TITRE V.

Du paiement des Indemnités.

ARTICLE 53.

Les indemnités réglées par le jury seront, préalablement à la prise de possession, acquittées entre les mains des ayants droit ; s'ils se refusent à les recevoir, la prise de possession aura lieu après offre réelle et consignation.

S'il s'agit de travaux exécutés par l'État ou les départements, les offres réelles pourront s'effectuer au moyen d'un mandat égal au montant de l'indemnité réglée par le jury ; ce mandat, délivré par l'ordonnateur compétent, visé par le payeur, sera payable sur la caisse publique qui y sera désignée.

Si les ayants droit refusent de recevoir le mandat, la prise de possession aura lieu après consignation en espèces.

ARTICLE 54.

Il ne sera pas fait d'offres réelles toutes les fois qu'il existera des inscriptions sur l'immeuble exproprié ou d'autres obstacles au versement des deniers entre les mains des ayants droit ; dans ce cas il suffira que les sommes dues par l'administration soient consignées pour être ultérieurement distribuées ou remises selon les règles du droit commun.

ARTICLE 55.

Si, dans les six mois du jugement d'expropriation, l'administration ne poursuit pas la fixation de l'indemnité, les parties pourront exiger qu'il soit procédé à ladite fixation. Quand l'indemnité aura été réglée, si elle n'est ni acquittée, ni consignée dans les six mois, les intérêts courront de plein droit à l'expiration de ce délai.

TITRE VI.

Dispositions diverses.

ARTICLE 56.

Les contrats de ventes, quittances et autres actes relatifs à l'acquisition des terrains peuvent être passés dans la forme des actes administratifs ; la minute restera déposée au secrétariat de la préfecture, l'expédition en sera transmise à l'administration des domaines.

ARTICLE 57.

Les significations et notifications mentionnées en la présente loi sont faites à la diligence du préfet du département de la situation des biens ; elles peuvent être faites tant par huissier que par tout autre agent de l'administration dont les procès-verbaux font foi en justice.

ARTICLE 58.

Les plans, procès-verbaux, certificats, significations, jugements, contrats, quittances et autres actes faits en vertu de la présente loi seront visés pour timbre et enregistrés gratis ; lorsqu'il y aura lieu à la formalité de l'enregistrement, il ne sera perçu aucun droit pour la transcription des actes au bureau des hypothèques.

Les droits perçus sur les acquisitions amiables faites antérieurement aux arrêtés du préfet seront restitués lorsque, dans le délai de deux ans à partir de la perception, il sera justifié que les immeubles acquis sont compris dans les arrêtés.

ARTICLE 59.

Lorsqu'un propriétaire aura accepté les offres de l'administration, le montant de l'indemnité devra, s'il l'exige, et s'il n'y a pas eu contestation de la part de tiers dans les délais prescrits par les art. 24 et 27, être versé à la Caisse des dépôts et consignations pour être remis ou distribués à qui de droit, suivant les règles du droit commun.

Article 60.

Si des terrains acquis pour cause d'utilité publique ne reçoivent pas cette destination, les anciens propriétaires ou leurs ayants droit peuvent en demander la remise; le prix des terrains rétrocédés est fixé à l'amiable, et s'il n'y a pas accord, par le jury dans les formes ci-dessus prescrites. La fixation par le jury ne peut, dans aucun cas, excéder la somme moyennant laquelle les terrains ont été acquis.

Article 61.

Un avis publié de la manière indiquée en l'art. 6, fait connaître les terrains que l'administration est dans le cas de revendre; dans les trois mois de cette publication, les anciens propriétaires qui veulent réacquérir la propriété desdits terrains, sont tenus de le déclarer; et dans le mois de la fixation du prix, soit amiable, soit judiciaire, ils doivent passer le contrat de rachat et payer le prix; le tout à peine de déchéance du privilége que leur accorde l'article précédent.

Article 62.

Les dispositions des art. 60 et 61 ne sont pas applicables aux terrains qui auront été acquis sur la proposition du propriétaire, en vertu de l'art, 50, et qui resteront disponibles après l'exécution des travaux.

Article 63.

Les concessionnaires des Travaux publics exerceront tous

les droits conférés à l'administration et seront soumis à toutes les obligations imposées dans la présente loi.

ARTICLE 64.

Les impositions de la portion d'immeubles qu'un propriétaire aura cédée et dont il aura été exproprié pour cause d'utilité publique continueront à lui être comptées pendant un an à partir de la remise de la propriété, pour former le cens électoral.

TITRE VII.

Dispositions exceptionnelles.

CHAPITRE PREMIER.

ARTICLE 65.

Lorsqu'il y aura urgence de prendre possession de terrains non bâtis qui seront soumis à l'expropriation, l'urgence sera spécialement déclarée par une ordonnance royale.

ARTICLE 66.

Dans ce cas, après le jugement d'expropriation, l'ordonnance qui déclare l'urgence et le jugement, seront notifiés, conformément à l'art. 15, aux propriétaires, aux détenteurs, avec assignation devant le Tribunal civil ; l'assignation sera donnée à trois jours au moins; elle énoncera la somme offerte par l'administration.

ARTICLE 67.

Au jour fixé, les propriétaires et les détenteurs seront tenus de déclarer la somme dont ils demandent la consignation avant l'envoi en possession.

Faute par eux de comparaître, il sera statué en leur absence.

ARTICLE 68.

Le Tribunal fixe la somme à consigner. Le Tribunal peut se porter sur les lieux, ou commettre un juge pour visiter les terrains, recueillir tous les renseignements propres à en déterminer la valeur, et en dresser, s'il y a lieu, un procès-verbal descriptif. Cette opération devra être terminée dans les cinq jours à dater du jugement qui l'aura ordonnée.

Dans les trois jours de la remise de ce procès-verbal au greffe, le Tribunal ordonnera les sommes à consigner.

ARTICLE 69.

La consignation doit comprendre, outre le principal, la somme nécessaire pour assurer pendant deux ans le paiement des intérêts à cinq pour cent.

ARTICLE 70.

Sur le vu du procès-verbal de consignation et sur une nouvelle assignation à deux jours de délai au moins, le président ordonne la prise de possession.

ARTICLE 71.

Le jugement du Tribunal et l'ordonnance du président sont exécutoires sur minute et ne peuvent être attaqués par opposition ni par appel.

ARTICLE 72.

Le président taxera les dépens qui seront supportés par l'administration.

ARTICLE 73.

Après la prise de possession, il sera, à la poursuite de la

partie la plus diligente, procédé à la fixation de l'indemnité en exécution du titre IV de la présente loi.

ARTICLE 74.

Si cette fixation est supérieure à celle déterminée par le Tribunal, le supplément doit être consigné dans la quinzaine de la notification de la décision du jury, et, à défaut, le propriétaire peut s'opposer à l'exécution des travaux.

ARTICLE 75.

Les formalités prescrites par les titres 1 et 2 de la présente loi ne sont applicables ni aux travaux militaires, ni aux travaux de la marine royale.

Pour ces travaux, une ordonnance royale détermine les terrains qui sont soumis à l'expropriation.

CHAPITRE II.

ARTICLE 76.

L'expropriation ou l'occupation temporaire en cas d'urgence des propriétés privées qui seront nécessaires pour des travaux de fortifications, continueront d'avoir lieu conformément aux dispositions prescrites par la loi du 30 mars 1831.

Toutefois lorsque les propriétaires ou autres intéressés n'auront pas accepté les offres de l'administration, le règlement définitif de l'indemnité aura lieu, conformément aux dispositions du titre ci-dessus.

Seront également applicables aux expropriations poursuivies en vertu de la loi du 30 mars 1831, les art. 16, 17, 18, 19 et 20, ainsi que le titre VI de la présente loi.

TITRE VIII.

ARTICLE 77.

Les lois des 8 mars 1810 et 9 juillet 1833 sont abrogées.

LOI DU 3 MARS 1831

relative à l'expropriation des propriétés privées nécessaires aux travaux des fortifications.

ARTICLE PREMIER.

Lorsqu'il y aura lieu d'occuper tout ou partie d'une ou de plusieurs propriétés pour y faire des travaux de fortifications dont l'urgence ne permettra pas d'accomplir les formalités de la loi du 8 mars 1810 (remplacée aujourd'hui par la loi du 3 mai 1841), il sera procédé de la manière suivante :

ARTICLE 2.

L'ordonnance qui autorisera les travaux et déclarera l'utilité publique, déclare en même temps qu'il y a urgence.

ARTICLE 3.

Dans les vingt-quatre heures de la réception de l'ordonnance du Roi, le préfet du département transmet ampliation de ladite ordonnance au procureur du Roi par le Tribunal de l'arrondissement où sont situés les propriétés qu'il s'agira d'occuper, et au maire de la commune de leur situation.

Sur le vu de cette ordonnance, le procureur du Roi requerrera de suite, et le Tribunal ordonnera immédiatement que l'un des juges se transporte sur les lieux avec un expert que le Tribunal nommera d'office.

Le maire fera sans délai publier l'ordonnance royale par affiche, tant à la principale porte de l'église du lieu, qu'à celle de la maison commune, et par tous autres moyens possibles: les publications et affiches seront certifiées par le magistrat.

Article 4.

Dans les vingt-quatre heures, le juge commissaire rendra, pour fixer les jour et heure de la descente sur les lieux, une ordonnance qui sera signifiée à la requête du procureur du Roi, au maire de la commune où le transport devra s'effectuer et à l'expert nommé par le Tribunal.

Le transport s'effectuera dans les dix jours de cette ordonnance, et seulement huit jours après la signification dont il vient d'être parlé.

Le maire, sur les indications qui lui seront données par l'agent militaire chargé de l'exécution des travaux, convoquera au moins cinq jours à l'avance, pour le jour et heure indiqués par le juge-commissaire :

1° Les propriétaires intéressés, et s'ils ne résident sur les lieux, leurs ayants droit, mandataires ou ayants cause;

2° Les usufruitiers ou autres personnes, telles que fermiers, locataires ou occupants à quelque titre que ce soit.

Les personnes ainsi convoquées pourront se faire assister par un expert ou un arpenteur.

Article 5.

Un agent de l'administration des domaines et un expert,

ingénieur, architecte ou arpenteur, désignés l'un et l'autre par le préfet, se transporteront sur les lieux aux jour et heure indiqués, pour se réunir au juge-commissaire, au maire ou à l'adjoint, à l'agent militaire ou à l'expert nommé par le Tribunal.

Le juge-commissaire recevra le serment préalable des experts sur les lieux et il en sera fait mention au procès-verbal.

L'agent militaire déterminera, en présence de tous, par des pieux ou piquets, le périmètre du terrain dont l'exécution des travaux nécessitera l'occupation.

Article 6.

Cette opération achevée, l'expert désigné par le préfet procédera immédiatement et sans interruption, avec l'agent de l'administration des domaines, à la levée du plan parcellaire pour indiquer, dans le plan général de circonscription, les limites et la superficie des propriétés particulières.

Article 7.

L'expert nommé dressera un procès-verbal qui comprendra :

1° La désignation des lieux de cultures, plantations, clôtures, bâtiments et autres accessoires du fonds ; cet état descriptif devra être assez détaillé pour pouvoir servir de base à l'appréciation de la valeur foncière et, en cas de besoin, de la valeur locative, ainsi que des dommages-intérêts résultant des changements et dégâts qui pourront avoir lieu ultérieurement ;

2° L'estimation ou la valeur foncière et locative de chaque parcelle de la dépendance, ainsi que l indemnité qui pourra être due pour frais de déménagements, perte de récoltes, détériorations d'objets mobiliers ou tous autres dommages.

Ces diverses opérations auront lieu contradictoirement avec l'agent de l'administration des domaines et l'expert nommé par le préfet, et avec les parties intéressées si elles sont présentes ou avec l'expert qu'elles auront désigné ; ou, si elles n'ont point le libre exercice de leurs droits, un expert sera désigné d'office par le juge-commissaire pour les représenter.

Article 8.

L'expert nommé par le Tribunal devra, dans son procès-verbal :

1° Indiquer la nature et la contenance de chaque propriété, la nature des constructions, l'usage auquel elles sont destinées, les motifs et les évaluations diverses et le temps qu'il paraît nécessaire d'accorder aux occupants pour évacuer les lieux.

2° Transcrire l'avis de chacun des autres experts, et les observations et réquisitions, telles qu'elles lui seront faites, de l'agent militaire, du maire et des parties intéressées ou de leurs représentants; chacun signera ses dires, ou mention sera faite de la cause qui les empêche.

Article 9.

Lorsque les propriétaires ayant le libre exercice de leurs droits consentiront à la cession qui leur sera demandée et aux conditions qui leur seront offertes par l'administration, il sera passé entre eux et le préfet un acte de vente qui sera rédigé dans la forme des actes de l'administration et dont la minute restera déposée aux archives de la préfecture.

Article 10.

Dans le cas contraire, sur le vu de la minute du procès-verbal dressé par l'expert et de celui du juge-commissaire qui aura assisté à toutes les opérations, le Tribunal, dans une audience tenue aussitôt après le retour de ce magistrat, déterminera, procédant en matière sommaire, sans retard et sans frais :

1° L'indemnité de déménagement à payer aux détenteurs avant l'occupation.

2° L'indemnité approximative et provisoire de dépossession qui devra être consignée, sauf règlement ultérieur et définitif, préalablement à la prise de possession.

Le même jugement autorisera le préfet à se mettre en possession, à la charge :

1° De payer sans délai l'indemnité de déménagement, soit au propriétaire, soit au locataire.

2° De signifier avec le jugement l'acte de consignation de . indemnité provisionnelle de dépossession.

Ledit jugement déterminera le délai dans lequel, à compter de l'établissement de ces formalités, le détenteur sera tenu d'abandonner les lieux.

Ce délai ne pourra excéder cinq jours pour les propriétés non bâties et dix jours pour les propriétés bâties.

Le jugement sera exécutoire nonobstant opposition ou appel.

Article 11.

L'acceptation de l'indemnité approximative et provisionnelle de dépossession ne fera aucun préjudice à la fixation de l'indemnité définitive.

Si l'indemnité provisionnelle n'excède pas cent francs, le paiement sera effectué sans production d'un certificat d'affranchissement d'hypothèques et sans formalités de purge hypothécaire.

Si l'indemnité excède cette somme, le gouvernement fera, dans les trois mois de la date du jugement dont il est parlé dans l'art. précédent, transcrire ledit jugement et purger les hypothèques légales: à l'expiration de ce délai, l'indemnité provisionnelle sera exigible de droit, lors même que les formalités ci-dessus n'auraient pas été remplies, à moins qu'il n'y ait des inscriptions ou des saisies-arrêts ou oppositions; dans ce cas, il sera procédé selon les règles ordinaires et sans préjudice de l'art. 26 de la loi du 8 mars 1860.

ARTICLE 12.

Aussitôt après la prise de possession, le Tribunal procédera au règlement définitif de l'indemnité de dépossession dans les formes prescrites par les art. 16 et suivants de la loi du 8 mars 1810 (aujourd'hui par la loi du 3 mai 1841). Si l'indemnité définitive excède l'indemnité provisionnelle, cet excédant sera payé conformément à l'art. précédent.

ARTICLE 13.

L'occupation temporaire prescrite par ordonnance royale ne pourra avoir lieu que pour des propriétés non bâties; l'indemnité annuelle représentative de la valeur locative de ces propriétés et du dommage résultant du fait de la dépossession, sera réglée à l'amiable et par autorité de justice, de six mois en six mois, au propriétaire ou au fermier, le cas échéant, lors de la remise des terrains qui n'auront été occupés que temporairement. L'indemnité due pour la détérioration causée pour les travaux ou pour la différence entre l'état des lieux au moment de la remise, et l'état reconnu par le procès-verbal descriptif, sera payée sur règlement amiable ou judiciaire, soit au propriétaire, soit au fermier ou exploitant suivant leurs droits respectifs.

ARTICLE 14.

Si, dans le cours de la troisième année d'occupation provisoire, le propriétaire ou son ayant droit n'est pas remis en possession, ce propriétaire pourra l'exiger, et l'Etat sera tenu de payer l'indemnité pour la cession de l'immeuble qui deviendra dès lors propriété publique. L'indemnité foncière sera réglée non sur l'état de la propriété à cette époque, mais sur son état au moment de l'occupation, tel qu'il aura été constaté par le procès-verbal descriptif.

Tout dommage causé au fermier ou exploitant par cette dépossession définitive lui sera payé après règlement amiable ou judiciaire.

Article 15 et dernier.

Dans le cas où l'occupation provisoire donnerait lieu à des travaux pour lesquels un crédit n'aurait pas été ouvert au budget de l'Etat, la dépense restera soumise à l'exécution de l'art. 152 de la loi du 25 mars 1817.

LOI SUR LES CHEMINS VICINAUX

du 21 mai 1836.

SECTION PREMIÈRE.

Article Premier.

Les chemins vicinaux légalement reconnus sont à la charge des communes, sauf les dispositions de l'art. 7 ci-après.

Article 2.

En cas d'insuffisance des ressources ordinaires de la commune, il sera pourvu à l'entretien des chemins vicinaux à l'aide, soit de prestation en nature, dont le maximun est fixé à trois journées de travail, soit de centimes spéciaux en addition au principal des quatre contributions directes et dont le maximun est fixé à cinq.

Le Conseil municipal pourra voter l'une ou l'autre de ces ressources, ou toutes les deux concurremment.

Le concours des plus imposés ne sera pas nécessaire dans la délibération prise pour l'exécution du présent article

Article 3.

Tout habitant chef de famille ou d'établissement à titre de propriétaire, de régisseur, de fermier ou de colon partiaire, porté au rôle des contributions directes, pourra être appelé à fournir chaque année une prestation de trois jours.

1° Pour sa personne et pour chaque individu mâle ou valide, âgé de dix-huit ans au moins et de soixante ans au plus, membre ou serviteur de la famille, et résidant dans la commune.

2° Pour chacune des charrettes ou voitures attelées, et en outre pour chacune des bêtes de somme, de trait, de selle au service de la famille ou de l'établissement dans la commune.

Article 6.

Lorsqu'un chemin vicinal intéressera plusieurs communes, le préfet, sur l'avis des Conseils municipaux, désignera les communes qui devront concourir à sa construction ou à son entretien, et fixera la proportion dans laquelle chacune d'elles y contribuera.

SECTION II.

Chemins vicinaux de grande communication.

Article 7.

Les chemins vicinaux peuvent, selon leur importance,

être déclarés chemins de grande communication par le Conseil général, sur l'avis des Conseils municipaux, des Conseils d'arrondissement, et sur la proposition du préfet.

Sur les mêmes avis et proposition, le Conseil général détermine la direction de chaque chemin vicinal de grande communication, et désigne les communes qui doivent contribuer à sa construction et à son entretien.

Le préfet fixe la largeur et les limites du chemin, et détermine annellement la proportion dans laquelle chaque commune doit concourir à l'entretien de la ligne vicinale dont elle dépend ; il statue sur les offres faites par les particuliers, association de particuliers ou de communes.

Article 8.

Les chemins de grande communication et, dans des cas extraordinaires, les autres chemins vicinaux, pourront recevoir des subventions sur les fonds départementaux.

Il sera pourvu à ces subventions au moyen des centimes facultatifs ordinaires du département, et des centimes spéciaux votés par le Conseil général.

La distribution des subventions sera faite, en ayant égard aux ressources, aux sacrifices et aux besoins des communes, par le préfet qui en rendra compte chaque année au Conseil général.

Les communes acquitteront la portion des dépenses mises à leur charge, au moyen de leurs revenus ordinaires, et en cas d'insuffisance, au moyen de deux journées de prestation sur les trois journées autorisées par l'art. 2, et des deux tiers des centimes votées par le Conseil municipal en vertu du même article.

Article 9.

Les chemins vicinaux de grande communication sont

placés sous l'autorité du préfet ; les dispositions des art. 4 et 5 de la présente loi leur sont applicables.

Dispositions générales.

Article 10.

Les chemins reconnus et maintenus comme tels sont imprescriptibles.

Article 11.

Le préfet pourra nommer des agents voyers.

Leur traitement sera fixé par le Conseil général.

Ce traitement sera prélevé sur les fonds affectés aux travaux.

Les agents voyers prêteront serment ; ils auront le droit de constater les contraventions et délits, et d'en dresser des procès-verbaux.

Article 12.

Le maximum des centimes spéciaux qui pourront être votés par les Conseils généraux, en vertu de la présente loi, sera déterminé annuellement par la loi des finances.

Article 13.

Les propriétés de l'État productives de revenus, contribueront aux dépenses des chemins vicinaux dans les mêmes proportions que les propriétés privées, et d'après un rôle spécial dressé par le préfet.

Les propriétés de la Couronne contribueront aux mêmes dépenses, conformément à l'art. 13 de la loi du 2 mars 1832.

ARTICLE 14.

Toutes les fois qu'un chemin vicinal entretenu à l'état de viabilité par une commune, sera habituellement ou temporairement dégradé par des exploitations de mines, de carrières, de forêts ou de toute entreprise industrielle appartenant à des particuliers, à des établissements publics, à la couronne ou à l'État, il pourra y avoir lieu à imposer aux entrepreneurs, ou propriétaires, suivant que l'exploitation ou les transports auront eu lieu pour les uns ou pour les autres, des subventions spéciales dont la quotité sera proportionnée à la dégradation extraordinaire qui devra être attribuée aux exploitations.

Ces subventions pourront, au choix des subventionnaires, être acquittées en argent ou en prestation en nature et seront exclusivemen affectées à ceux des chemins qui y auront donné lieu.

Elles seront réglées annuellement, à la demande des communes, par les Conseils de préfecture, après des expertises contradictoires et recouvrées comme en matière de contributions directes.

Les experts seront nommés suivant le mode déterminé par l'article 17 ci-après. — Ces subventions pourront aussi être déterminées par abonnement : elles seront réglées, dans ce cas, par le Conseil de préfecture.

ARTICLE 15.

Les arrêtés du préfet portant reconnaissance et fixation de la largeur d'un chemin vicinal, attribuent définitivement au chemin le sol compris dans les limites qu'ils déterminent.

Le droit des propriétaires riverains se sésout en une indemnité qui sera réglée à l'amiable ou par le juge de paix du canton, sur le rapport d'experts nommés conformément à l'art. 17.

Article 16.

Les travaux d'ouverture et de redressement des chemins vicinaux, seront autorisés par arrêtés du préfet.

Lorsque, pour l'exécution du présent article, il y aura lieu de recourir à l'expropriation, le jury spécial, chargé de régler les indemnités, ne sera composé que de quatre jurés.

Le Tribunal d'arrondissement, en prononçant l'expropriation, désignera, pour présider et diriger le jury, l'un de ses membres ou le juge de paix du canton ; ce magistrat aura voix délibérative en cas de partage.

Le Tribunal choisira sur la liste génerale prescrite par l'art. 29 de la loi du 7 juillet 1833 (remplacé par l'art. 29 de la loi du 3 mai 1841) quatre personnes pour former le jury spécial, et trois jurés supplémentaires; l'administration et la partie intéressée auront respectivement le droit d'exercer une récusation péremptoire.

Le juge recevra les acquiescements des parties.

Son procès-verbal emportera translation définitive de propriété.

Le recours en cassation, soit contre le jugement qui prononcera l'expropriation, soit contre la déclaration du jury qui règlera l'indemnité, n'aura lieu que dans les cas prévus par la loi du 7 juillet 1833 (remplacé par la loi du 3 mai 1841).

Article 17.

Les extractions de matériaux, les dépôts ou enlèvements de terre, les occupations temporaires de terrains seront autorisés par arrêté du préfet, lequel désignera les lieux. Cet arrêté sera notifié aux parties intéressées au moins dix jours avant que son exécution puisse être prononcée.

Si l'indemnité ne peut être fixée à l'amiable, elle sera réglée par le Conseil de préfecture, sur le rapport d'experts nommés, l'un par le sous-préfet, l'autre par le propriétaire. En cas de désaccord, le tiers-expert sera nommé par le Conseil de préfecture.

ARTICLE 18.

L'action en indemnité des propriétaires pour les terrains qui auront servi à la confection des chemins vicinaux et pour extraction de matériaux sera prescrite par le laps de deux ans.

ARTICLE 19.

En cas de changement de direction ou d'abandon d'un chemin vicinal en tout ou en partie, les propriétaires riverains de la partie de ce chemin qui cessera de servir de voie de communication, pourront faire soumission de s'en rendre acquéreurs et d'en payer la valeur qui sera fixée par experts nommés dans la forme déterminée par l'art. 17.

ARTICLE 20.

Les plans, procès-verbaux, certificats, significations, jugements, contrats, marchés, adjudications de travaux, quittances et autres actes ayant pour objet exclusif la construction, l'entretien et la réparation des chemins vicinaux seront enregistrés moyennant le droit fixe d'un franc.

Les actions civiles intentées par les communes ou dirigées contre elles relativement à leurs chemins, seront jugées comme affaires sommaires, conformément à l'art. 405 du Code de procédure civile.

ARTICLE 21.

Dans l'année qui suivra la promulgation de la présente loi, chaque préfet fera, pour en assurer l'exécution, un règlement qui sera communiqué au Conseil géral et transmis avec ses observations au ministre de l'Intérieur pour être approuvé s'il y a lieu.

Ce règlement fixera, dans chaque département, le maximum de la largeur des chemins vicinaux ; il fixera en outre les délais nécessaires à l'exécution de chaque mesure, les époques auxquelles les prestations en nature devront être faites, le mode de leur emploi ou de leur conversion en tâches, et statuera en même temps sur tout ce qui est relatif à la confection des rôles, à la comptabilité, aux adjudications et à la forme, aux alignements, aux autorisations de construire le long des chemins, à l'écoulement des eaux, aux plantations, à l'élagage, aux fossés, à leur curage, et à tous autres détails de surveillance et de conservation.

Article 22 et dernier.

Toutes les dispositions des lois antérieures demeurent abrogées en ce qu'elles ont de contraire à la présente loi.

LOI DU 15 JUILLET 1845

SUR

la Police des Chemins de fer.

TITRE I.

Mesures relatives à la Police des Chemins de fer.

ARTICLE PREMIER.

Les Chemins de fer construits ou concédés par l'État font partie de la grande voirie.

ARTICLE 2.

Sont applicables aux Chemins de fer, les lois et règlements sur la grande voirie qui ont pour objet d'assurer la conservation des fossés, talus, levées et ouvrages d'art dépendant des routes, et d'interdire sur toute leur étendue le pacage de bestiaux, les dépôts de terre et autres objets quelconques.

ARTICLE 3.

Sont applicables aux propriétés riveraines des Chemins de fer, les servitudes imposées par les lois et règlements sur la grande voirie et concernant : — l'alignement, l'écoulement des eaux, l'occupation temporaire des terrains en cas de réparations, — la distance à observer pour les plantations et l'élagage des arbres plantés; — le mode d'exploitation des mines, tourbières, carrières et sablières dans la zone déterminée à cet effet, sont également applicables à l'entretien des Chemins de fer.

Article 4.

Tout Chemin de fer sera clos des deux cotés et sur toute l'étendue de la voie.

L'administration déterminera le mode de cette clôture, et pour ceux des Chemins qui n'y ont pas été assujétis l'époque à laquelle elle devra être effectuée.

Partout où les Chemins de fer croiseront de niveau les routes de terre, des barrières seront établies et tenues fermées conformément aux règlements.

Article 5.

A l'avenir, aucune construction autre qu'un mur de clôture ne pourra être établie dans une distance de deux mètres d'un Chemin de fer.

Cette distance sera mesurée, soit de l'arête supérieure du déblai, soit de l'arête inférieure du talus du remblai, soit des bords latéraux des fossés du Chemin, et à défaut, d'une ligne tracée à un mètre cinquante centimètres à partir des rails extérieurs de la voie de fer.

Les constructions existant au moment de la promulgation de la présente loi ou lors de l'établissement d'un nouveau Chemin de fer, pourront être entretenues dans l'état où elles se trouveraient à cette époque.

Un règlement d'administration publique déterminera les formalités à remplir par les propriétaires pour faire constater l'état desdites constructions et fixer le délai dans lequel ces formalités devront être remplies.

ARTICLE 6.

Dans les localités où le Chemin de fer se trouvera en remblai de plus de trois mètres au-dessus du terrain naturel, il est interdit aux riverains de pratiquer sans autorisation préalable des excavations d'une zone de largeur égale à la hauteur verticale du remblai mesurée du pied du talus.

Cette autorisation ne pourra être accordée sans que les concessionnaires ou fermiers du Chemin de fer aient été entendus ou dûment appelés.

ARTICLE 7.

Il est défendu d'établir à une distance de moins de vingt mètres d'un Chemin de fer desservi par des machines à feu des couvertures en chaume, des meules de paille de foin et aucun autre dépôt de matières inflammables.

Cette prohibition ne s'étend pas aux dépôts de récoltes faites seulement pour le temps de la moisson.

ARTICLE 8.

Dans une distance de moins de cinq mètres d'un Chemin de fer, aucun dépôt de pierres ou objets non inflammables ne peut être établi sans autorisation préalable du préfet ; cette autorisation sera toujours révocable.

L'autorisation n'est pas nécessaire :

1° Pour former, dans les localités où le Chemin de fer est en remblai, des dépôts de matières non inflammables dont la hauteur n'excède pas celle du remblai du chemin ;

2° Pour former des dépôts temporaires d'engrais ou autres objets nécessaires à la culture des terres.

ARTICLE 9.

Lorsque la sûreté publique, la conservation du Chemin

et la disposition des lieux le permettront, les distances déterminées par les articles précédents pourront être diminuées en vertu d'ordonnances royales rendues après enquête.

ARTICLE 10.

Si, hors des cas d'urgence prévus par la loi des 16 et 24 août 1790, la sûreté publique ou la conservation du Chemin de fer l'exige, l'administration pourra faire supprimer, moyennant *une juste indemnité*, les constructions, plantations, excavations, couvertures en chaume, amas de matériaux, combustibles ou autres existant dans les zones ci-dessus spécifiées, au moment de la promulgation de la présente loi, et, pour l'avenir, lors de l'établissement du Chemin de fer ; l'indemnité sera réglée, pour la suppression des constructions, conformément au titre IV et suivant de la loi du 3 mai 1841, et pour tous les autres cas conformément à la loi du 16 septembre 1807.

ARTICLE 11.

Les contraventions aux dispositions du présent titre seront constatées, poursuivies et reprimées comme en matière de grande voirie.

Elles seront punies d'une amende de seize à trois cents francs sans préjudice, s'il y a lieu, des peines portées au Code pénal et au titre III de la présente loi ; les contrevenants seront en outre condamnés à supprimer, dans le délai déterminé par l'arrêté du Conseil de préfecture, les couvertures, meules ou dépôts faits contrairement aux dispositions précédentes; — à défaut par eux de satisfaire à cette injonction dans le délai fixé, la suppression aura lieu d'office et le montant de la dépense sera recouvré contre eux par voie de contrainte, comme en matière de contributions publiques.

TITRE II.

Des Contraventions de voirie commises par les concessionnaires ou fermiers des Chemins de fer.

ARTICLE 12.

Lorsque le concessionnaire ou le fermier de l'exploitation du chemin de fer contreviendra aux clauses du cahier des charges ou à une décision rendue en exécution de ces clauses en ce qui concerne le service de la navigation, la viabilité des routes royales, départementales et vicinales, ou le libre écoulement des eaux, procès-verbal sera dressé de la contravention, soit par les ingénieurs des ponts et chaussées ou des mines, soit par les conducteurs, gardes-mines ou piqueurs dûment assermentés.

ARTICLE 13.

Les procès-verbaux, dans les quinze jours de leur date, sont notifiés administrativement au domicile élu par le concessionnaire ou le fermier, à la diligence du préfet, et transmis dans le même délai au Conseil de préfecture du lieu de la contravention.

ARTICLE 14.

Les contraventions prévues à l'article 12, seront punies d'une amende de trois cents francs à trois mille francs.

ARTICLE 15.

L'administration d'ailleurs pourra prendre immédiatement toutes mesures provisoires pour faire cesser le dommage, ainsi qu'il est procédé en matière de grande voirie.

Les frais qu'entraîneront l'exécution de ces mesures seront recouvrés par voie de contrainte, comme en matière de contributions publiques.

TITRE III.

Des mesures relatives à la sûreté de la circulation sur les Chemins de fer.

Article 16.

Quiconque aura volontairement détruit ou dérangé la voie de fer, placé sur la voie un objet faisant obstacle à la circulation, ou employé un moyen quelconque pour entraver la marche du convoi ou le faire sortir des rails, sera puni de la réclusion.

S'il y a eu homicides ou blessures, le coupable sera, dans le premier cas, puni de mort, et, dans le second, de la peine des travaux forcés à temps.

Article 17.

Si le crime prévu par l'art. 16 a été commis en réunion séditieuse, avec rébellion ou pillage, il sera imputé aux chefs, auteurs, instigateurs et provocateurs de ces réunions, qui seront punis comme coupables du crime et condamnés aux mêmes peines que ceux qui l'auront personnellement commis, lors même que la réunion séditieuse n'aurait pas eu pour but la destruction de la voie de fer. Toutefois, dans le dernier cas, la peine de mort sera applicable aux auteurs du crime. Elle sera remplacée, à l'égard des chefs, auteurs, instigateurs ou provocateurs de ces réunions, par la peine des travaux forcés à perpétuité.

Article 18.

Quiconque aura menacé par écrit anonyme ou signé, de commettre un des crimes prévus en l'art. 16, sera puni d'un emprisonnement de trois à cinq ans, dans le cas où la menace aurait été faite avec ordre de déposer une somme d'argent dans en lieu indiqué ou de remplir toute autre condition ; si la menace n'est accompagnée d'aucun ordre ou condition, la peine sera d'un emprisonnement de trois mois à deux ans et d'une amende de cinq cents francs.

Si la menace avec condition a été verbale, le coupable sera puni d'un emprisonnement de quinze jours à six mois et d'une amende de vingt-cinq à trois cents francs.

Dans tous les cas, le coupable pourra être mis par le jugement sous la surveillance de la haute police pour un temps qui ne pourra être moindre de deux ans, ni excéder cinq ans.

Article 19.

Quiconque par maladresse, imprudence, inattention, négligence ou inobservation des lois et règlements, aura involontairement causé sur un Chemin de fer ou dans les gares, stations, un accident qui aura occasionné des blessures, sera puni de trois jours à six mois d'emprisonnement et à une amende de cinquante à mille francs.

Si l'accident a occasionné la mort d'une ou plusieurs personnes, l'emprisonnement sera de six mois à cinq ans, et d'une amende de trois cents à trois mille francs.

Article 20.

Sera puni d'un emprisonnement de six mois à deux ans, tout mécanicien, conducteur, garde-frein, qui aura abandonné son poste pendant la marche du convoi.

Article 21.

Toutes contraventions aux ordonnances royales, portant règlement d'administration publique sur la police, la sûreté, l'exploitation d'un Chemin de fer et aux arrêtés pris par les préfets, sous l'approbation du ministre des Travaux publics et pour l'exécution des dites ordonnances, sera puni d'une amende de six cents à trois mille francs. — En cas de récidive dans l'année, l'amende sera portée au double et le Tribunal pourra, suivant les circonstances, prononcer en outre un emprisonnement de trois jours à un mois.

Article 22.

Les concessionnaires ou fermiers d'un Chemin de fer seront responsables, soit envers l'Etat, soit envers les particuliers, des dommages causés par les administrateurs, directeurs ou employés quelconques au service de l'exploitation du Chemin de fer.

L'Etat sera soumis à la même responsabilité envers les particuliers, si le Chemin de fer est exploité à ses frais et pour son compte.

Article 23.

Les crimes, délits et contraventions prévus dans les titres I et III de la présente loi, pourront être constatés par des procès-verbaux, dressés concurremment par des officiers de police judiciaire, les ingénieurs des ponts et chaussées et des mines, les conducteurs, gardes-mines, agents de surveillance et gardes nommés ou agréés par l'administration et dûment assermentés ; les procès-verbaux des délits et contraventions feront foi jusqu'à preuve contraire.

Au moyen du serment, prêté devant le Tribunal de première instance de leur domicile, les agents de surveillance de l'administration et des concessionnaires ou fermiers, pourront verbaliser sur toute la ligne du Chemin de fer auquel ils seront attachés.

ARTICLE 24.

Les procès-verbaux dressés en vertu de l'article précédent seront visés pour timbre et enregistrés en débet.

Ceux qui auront été dressés par des agents de surveillance et gardes assermentés devront être affirmés dans les trois jours, à peine de nullité, devant le juge de paix ou le maire, soit du lieu du délit, soit de la résidence de l'agent.

ARTICLE 25.

Toute attaque, toute résistance avec violence et voies de fait envers les agents du Chemin de fer dans l'exercice de leurs fonctions, sera punie des peines appliquées à la rebellion, suivant les distinctions faites par le Code pénal.

ARTICLE 26.

L'article 463 du Code pénal est applicable aux condamnations prononcées en exécution de la présente loi.

ARTICLE 27.

En cas de convictions de crimes ou délits prévus par la présente loi ou le Code pénal, la peine la plus forte sera seule prononcée.

Les peines encourues pour des faits postérieurs à la poursuite, pourront être cumulées sans préjudice des peines de la récidive.

La présente loi délibérée et adoptée, etc., etc.

COMMENTAIRES.

L'art. 11 de la loi du 3 mai 1841 nous dit que le *préfet détermine, par un arrêté motivé, les propriétés qui doivent être cédées, et indique l'époque à laquelle il sera nécessaire d'en prendre possession*; et l'art. 14 ajoute. *Si, dans l'année de l'arrêté du prefet, l'administration n'a pas poursuivi l'expropriation, tout propriétaire* (et même, d'après la jurisprudence, tout locataire) *peut présenter requête au Tribunal*, etc., etc., et *le Tribunal statuera dans les trois jours* sur les fins de cette requête, tendant à faire prononcer le jugement d'expropriation.

Or, il arrive souvent que cet arrêté n'est ni affiché ni publié, de telle sorte que les ayants droit ignorent l'époque à laquelle ce droit leur est ouvert.

Les art. 17, 18 et 19 indiquent les effets du jugement d'expropriation, mais il s'est établi une vive controverse sur les questions nées de ces articles relativement aux baux.

Ainsi la jurisprudence a longtemps flotté sur la question de savoir si le jugement d'expropriation laissait la faculté à l'expropriant de maintenir les baux jusqu'à une certaine époque, et cela malgré la résistance du locataire, demandant l'annulation immédiate de son bail. Il a été rendu d'abord divers jugements et arrêts en sens contraire, m·is depuis 1862, la jurisprudence paraît être fixée, et il a été reconnu que le jugement d'expropriation avait pour effet immédiat et nécessaire la résolution de tous les baux, et ouvrait au même instant aux locataires le droit à une indemnité, alors même que leurs baux n'auraient que quelques mois de durée après le prononcé du jugement d'expropriation.

(Voir les jugements et arrêts, page 50 et suiv.)

Lart. 21 impose aux propriétaires expropriés l'obligation d'appeler et de faire connaître à l'expropriant les locataires et autres ayants droit sur sa propriété.

Cet article de la loi a donné lieu à de longs débats devant diverses juridictions, sur la question de savoir si le propriétaire devait appeler et faire connaître à l'administration les *sous-locataires* tout comme les locataires; mais la négative a prévalu : c'est au locataire à dénoncer ses sous-locataires, et, à défaut, il appartient à ceux-ci de se faire connaître, ou bien encore d'intervenir devant le jury.

(Voir les jugement et arrêts, page 10 et suiv.)

Les art. 23 et suivants ont trait aux offres à faire par l'expropriant et aux demandes de l'exproprié.

Ici nous devons présenter quelques observations sur l'esprit qui, à ce moment, dirige expropriants et expropriés.

Dans la poursuite des expropriations, l'État ou autres aux droits de l'État, sont représentés par des agents qui sont chargés de procéder et de défendre devant le jury; or ces agents se préoccupent de la responsabilité morale qu'ils encourent auprès de leurs mandants, et de là vient qu'ils ne prennent pas toujours les mesures nécessaires pour asseoir leurs offres sur des bases certaines ; ainsi on voit des offres qui paraissent avoir été faites au hasard, et qu'on peut combattre avec succès comme n'étant pas sérieuses ; de telle sorte que le jury, dans son appréciation au point de vue de l'équité, en triple et quelquefois même en décuple le chiffre, ainsi que nous l'avons vu dans diverses sessions du jury. Pour parer à cet inconvénient, voici les conseils que donne à l'expropriant M. de Lalleau, dans son *Traité sur l'Expropriation pour cause d'utilité publique* (1er volume, chap. IV).

« Avant de formuler les offres, l'administration ou l'ingénieur chargé des travaux devrait se concerter avec les propriétaires, locataires et autres intéressés, et, après les avoir entendus, indiquer les indemnités qu'il lui paraît convenable d'allouer à chacun d'eux ; il faut que les offres de l'administration reposent sur des bases certaines.

« Il faut d'abord qu'un appréciateur, choisi par l'administration, constate exactement l'état des propriétés et qu'il signale toutes les circonstances qui peuvent influer sur la fixation de l'indemnité ; il doit faire connaître les travaux à faire pour rétablir les communications et les clôtures.

« On doit communiquer aux parties intéressées le procès-verbal de l'appréciateur qui constate les faits, afin qu'elles puissent contester, s'il y a lieu, les inexactitudes que renferme ce rapport.

« Il est important que l'administration puisse prouver non-seulement aux indemnitaires mais encore aux jurés que les indemnités par elle offertes sont tout ce que l'équité permet de réclamer; il faut donc que ces évaluations reposent sur des bases certaines ».

Les conseils de ce savant jurisconsulte nous paraissent pleins de sens, et nous pensons que les expropriants feraient bien de s'y conformer.

Il existe aussi une espèce d'offre qui nous paraît abusive et dont la pratique s'est introduite à Paris et de là dans les départements : c'est *l'offre d'un franc ;* c'est cette offre que l'expropriant vient faire lorsqu'il veut nier le droit à l'indemnité ; offre que la Cour de cassation a sévèrement qualifiée en la signalant comme *un moyen détourné* pour nier le droit à indemnité ; et cette manière de procéder a eu des conséquences déplorables dans une certaine circonstance que bien des gens connaissent. Il est arrivé que, divers locataires se trouvant fort mal à l'aise dans des maisons que des travaux commencés avaient laissées au milieu des décombres et dont les accès étaient devenus presque impraticables, voulurent quitter ces maisons avant le terme assigné à leurs baux, et firent signifier à l'administration que le jugement d'expropriation ayant eu pour effet immédiat et nécessaire l'annulation de tous les baux, ils étaient prêts à évacuer les lieux par eux occupés, moyennant paiement préalable de la juste indemnité qui leur était due; mais aucune offre ne leur fut faite, on les contraignit de rester malgré eux dans les lieux qu'ils occupaient d'une manière fort précaire, et dans le plus grand trouble; mais il y eut plus, c'est qu'ils furent condamnés à payer aux propriétaires le montant d'un terme de loyer échu d'avance ; toutefois ils intervinrent devant le jury, et là, bien tardivement, il leur fut fait l'offre *d'un franc,* et le jury alloua *un franc,* ne se doutant pas qu'il statuait ainsi sur une question de droit qui n'était pas de sa compétence. L'administration soutenait que ces locataires ayant eu la faculté d'occuper les lieux par eux loués jusqu'au terme de leurs baux, ils n'avaient rien à réclamer.

Toutefois le jury pensa qu'il y avait quelque chose à faire pour les pauvres gens, car généralement c'étaient de petits industriels ou de pauvres ouvriers, et il pria monsieur le magistrat directeur du jury de les recommander à la bienveillance de l'administration ; ainsi certains d'entre eux, mais seulement les plus nécessiteux, reçurent, au lieu d'une juste indemnité, une modique aumône.

Dans la même session et avant la discussion de ces affaires, deux industriels aisés reçurent la même offre d'un franc et la même allocation; mais ils eurent les moyens de se pourvoir en cassation et la décision du jury fut cassée, tandis que les petits industriels et ouvriers, faute de moyens, durent se résigner, *non sans maudire leurs juges pendant 24 heures.* Après ces faits malheureusement trop réels, toutes réflexions deviendraient inutiles.

Arrivons aux demandes sans fondement ni raison : généralement propriétaires et locataires sont enchantés d'être expropriés pour utilité publique, parce qu'ils sont certains d'obtenir de leurs immeubles ou de leurs industries une somme bien supérieure à celle qu'on pourrait attribuer à une valeur vénale, et cependant, en présence du jury, ils font entendre les plus grandes doléances, et, se plaçant à ce point de vue exclusif, ils croient qu'ils ne pourraient pousser trop loin leurs prétentions; ils formulent les demandes les plus exagérées, et qu'arrive-t-il? c'est qu'ils éprouvent les plus douloureuses déceptions.

Ainsi qu'expropriants et expropriés veuillent bien se placer au point de vue de l'équité, et l'on ne verra plus entre l'offre et la demande ces écarts étonnants qui doivent être un enseignement et pour les uns et pour les autres.

L'art. 38 a donné lieu à de longues discussions dans les chambres législatives ; les uns voulaient que le magistrat directeur du jury posât seul les questions que le jury avait à résoudre; les autres voulaient que le jury seul pût se poser les questions qu'il avait à résoudre, ne pouvant être assimilé à un jury de Cour d'assises. Et de cette discussion il en est résulté que la loi a été adoptée par les deux chambres législatives dans les termes qu'on trouve dans l'art. 38.

En ce qui concerne la clôture de la discussion prononcée

par le magistrat directeur du jury et l'obligation imposée au jury de se retirer immédiatement dans sa chambre pour délibérer, nous avons été témoins d'une pratique qu'on parait vouloir introduire et qui consisterait à faire appeler successivement à la suite les unes et les autres, deux, trois et même six affaires discutées sans désemparer, et puis le jury se retirer dans sa chambre pour délibérer tout à la fois sur chacune des affaires discutées, et rentrer en séance pour venir prononcer sa décision sur chacune de ces affaires. Eh bien ! nous pensons que c'est là une violation de l'art. 38 précité qui veut qu'après la clôture de la discussion, le jury se retire *immédiatement dans sa chambre pour délibérer;* car s'il était possible d'admettre que l'on pût faire discuter plusieurs affaires à la suite des unes des autres et sans connexité entre elles, il pourrait arriver que la discussion des dernières affaires pût faire oublier à la plupart de messieurs les jurés la discussion des premières affaires discutées.

Or n'est-ce pas là une violation flagrante de l'art. 38 précité et un moyen imparable de cassation de la décision du jury ?

L'art. 50, 2me paragraphe, impose trois conditions pour qu'un propriétaire exproprié d'une parcelle de terrain puisse requérir une expropriation totale.

1° Il faut que le terrain dont une parcelle a été expropriée soit réduit par là au quart de sa surface;

2° Qu'il ne possède aucun terrain contigu ;

3° Enfin que la parcelle ainsi réduite soit inférieure à dix ares.

Et voici en quels termes s'exprimait ce 2me paragraphe de l'art. 50, dans la loi présentée aux chambres en 1833.

Art. 50, etc., etc., etc.

« *Il en sera de même de toute parcelle de terrain qui, par suite de morcellement, sera réduite à dix ares*. . (*Moniteur* de **1833, page 1350**).

Mais M. Thiers, ministre des Travaux publics, prenant part à la discussion, s'exprimait ainsi :

« Le 2me paragraphe de l'art. 50 impose à l'État l'obligation d'acheter, si le propriétaire le requiert, toute parcelle de terrain qui, par suite de morcellement, se trouverait réduite à dix ares ; cette obligation a été restreinte au cas où la parcelle ainsi réduite n'offrirait que le quart de sa contenance primitive ; supposons, par exemple, un champ de douze ares superficiels : l'établissement d'une route exige qu'on retranche deux ares ; serait-il juste que l'État fût obligé d'acquérir les dix ares restants ? C'est à ce cas et à d'autres analogues, que s'applique la restriction insérée dans l'art. 50. » (*Moniteur* de 1833, page 1690).

Ainsi, dans l'intention du gouvernement, la restriction apportée à ce 2me paragraphe de l'art. 50 devait être appliquée à un terrain de douze à treize ares et auquel on enlèverait pour les besoins d'une route, deux ou trois ares, et nous le comprenons.

Mais c'est seulement pour les cas analogues que la réduction au quart de la surface est applicable : toutefois s'il s'agit d'un terrain à bâtir d'une superficie de deux à dix ares, et qu'on en retranche un ou six ares, il n'est pas réduit au quart de sa surface totale, et cependant le propriétaire ne peut plus s'en servir utilement pour y établir les constructions projetées, et surtout lorsque ce terrain ayant une surface régulière, telle qu'un carré ou un rectangle, il est transformé en un triangle quelconque ou à toute autre surface irrégulière ; évidemment dans ces cas il n'y a pas analogie avec le cas cité pour exemple par M. le ministre des Travaux publics, et la restriction apportée à l'art. 50 ne peut lui être applicable ; c'est-à-dire qu'alors on ne doit pas exiger le cumul des trois conditions édictées dans l'art. 50, mais seulement les deux dernières conditions.

L'art. 55 nous dit que, si l'indemnité n'est ni acquittée, ni consignée dans les six mois de la décision du jury, les intérêts courrent de plein droit à l'expiration de ce délai.

Ainsi depuis le jugement d'expropriation les propriétaires expropriés ayant perdu la jouissance de leurs immeubles, ne peuvent plus en retirer aucun fruit, et n'en sont que les simples gardiens exposés à rembourser des loyers qu'ils auraient reçu d'avance; ils doivent donc réclamer une indemnité pour perte de jouissance, indépendamment de celle qui leur est due pour le capital exproprié; et cela depuis la signification du jugement d'expropriation jusqu'au payement préalable à la prise de possession.

TABLE DES MATIÈRES.

PAGES

CHAPITRE IV

CHAPITRE V.

CHAPITRE VI.

PAGES

CHAPITRE VII.

CHAPITRE VIII.

CHAPITRE IX.

CHAPITRE X.

CHAPITRE XI.

CHAPITRE XII.

CHAPITRE SUPPLÉMENTAIRE.

www.ingramcontent.com/pod-product-compliance
Lightning Source LLC
Chambersburg PA
CBHW071702200326
41519CB00012BA/2597

* 9 7 8 2 0 1 1 2 8 9 9 7 1 *